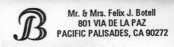
Todo tiene su tiempo

EDICIONES UNIVERSAL, Miami, Florida, 1997

Luis Aguilar León

TODO TIENE SU TIEMPO

Tiempo de llorar, tiempo de reír,
tiempo de soñar y tiempo de pensar

··EDICIONES UNIVERSAL

EDICIONES UNIVERSAL
P.O. Box 450353 (Shenandoah Station)
Miami, FL 33245-0353. USA
Tel: (305) 642-3234   Fax: (305) 642-7978

Library of Congress Catalog Card No.: 97-60443
I.S.B.N.: 0-89729-832-2

Composición de textos: Modesto Arocha
Revisión de primeras pruebas: Andrés Surís

En la portada se reproduce dibujo del ave de rapiña,
origininaria de Cuba: **Cotunto**: Noctua nudipes. Bubo nudipes.

A todos los cubanos que han tenido
el trágico privilegio de luchar por la
libertad de su patria.

ÍNDICE

TIEMPO DE SOÑAR

Y TIEMPO DE PENSAR

A manera de prólogo

Todo escritor, y más aún los que en periódicos escriben, lleva adentro el anhelo de dar a sus palabras un aliento de perpetuidad. Esa razón es la causa principal de que este libro se publique. Debo añadir, con una amplia cuota de gratitud, que también ha habido lectores y amigos, incluyendo a mi editor Salvat, que me han animado a que salve algunos artículos de la casi instantánea efemeridad de la prensa. Y tengo que dejar constancia también de mi reconocimiento a Modesto Arocha quien, con soberana paciencia, me guió por los complejos reductos de la computadora y del *Internet*.

La empresa me resultó más complicada de lo que pensé al principio y tuve que sustraer horas vitales a la doble tarea a la que me he sometido: traducir y publicar en español mi libro sobre el Marxismo en América Latina, y adelantar mi estudio sobre la guerra de 1898.

Al seleccionar los artículos que me parecían más publicables, las vastas diferencias en tiempo (algunos fueron publicados en Cuba); en fuentes, el *Diario las Américas*, el *Nuevo Herald* y algunos libros y revistas europeas, y en temas; me obligaba a adoptar algún tipo de clasificación. No sé porque volví a la vieja admonición del *Eclesiastés*: "Todo tiene su tiempo", y a sus contrapartidas, "tiempo de llorar y tiempo de reír, tiempo de soñar y tiempo de pensar". Y así titulé al libro y a las cuatro secciones en que lo he dividido. Pero descubrí también que todos esos escritos, inclusive los que escribí entre risas, los que nacieron de una escapada hacia un sueño, o los que llevaban una más alta dosis de pensamiento, estaban unidos por una tenue veta de dolor. La causa de ese dolor, que a veces quiere restallar en indignación y otras se oculta bajo una ironía, es la tragedia cubana.

No la tragedia de éste o aquel aspecto del proceso, sino la tragedia integral, el hundimiento de la Cuba que conocí y amé, la progresiva transformación de un pueblo al cual estoy entrañablemente unido, pero cuyas facciones se me van haciendo cada vez menos reconocibles. Es posible que los años me nublen la mirada. Pero también es posible que cuarenta años de infamias, odios y mentiras hayan llegado a quebrar el carácter cubano y a corromper a un espíritu nacional que fue una vez timbre de orgullo y triunfo de la dignidad.

Habrá, desde luego, quien no sienta tal dolor; quien lo cubra con los fáciles timbres de la retórica; quien apele a Martí para cubrir nuestra desnudez ética; o quien ni siquiera entienda porque una sombra de melancolía cubre muchas de estas páginas. Pero yo sí me entiendo. Y creo que el que tenga ojos para ver y oídos para oír constatará que el síntoma de un "kranken volk", de un pueblo enfermo, de cuyo nacimiento en 1959 di testimonio en mi libro *"Reflexiones sobre Cuba y su Futuro"*, sigue ampliando su amenaza sobre el porvenir.

Ojalá me equivoque. Ojalá que haya fuerzas germinando en esa Cuba silenciosa o en este exilio clamoroso que yo no alcanzo a ver, pero que llevan en el alma la voluntad de despejar a nuestra patria de odios y calumnias. Es posible que los golpes de la tiranía no hayan logrado destruir los muros de nuestra Troya. Por esa posibilidad lucho y brindo con todas las fuerzas de mi espíritu.

Pero no puedo evitar, cuando recorro el amplio y duro panorama de estas últimas cuatro décadas, que el pensar y el pesar me traigan a la mente aquel doloroso verso de Virgilio, "Fuimos troyanos... mas la alta Troya ya no existe y la gloria de los habitantes dispersada ha sido por los vientos".

Tiempo de llorar

Aquí, solo, desterrado, despojado de todo lo que me pudieron despojar, ahogo mis lágrimas y alzo mi mente y mi carácter frente a César.

Ovidio

Todo tiene su tiempo

"*Entretanto, La Habana se poblaba de uniformes rebeldes, de milicianos, de becados, de campesinos. Se hablaba de zafras descomunales, de dar hasta la última gota de nuestra sangre, de hundirnos en el mar, si era necesario. Las zafras se perdieron en el alarde, muchos dieron hasta la última gota de su sangre en guerras inútiles, otros la ofrendaron a los tiburones, fueron a hundirse en el mar, nadando detrás de un mundo mejor. Ese mundo que no fuimos capaces de construir porque nos amarraron las manos y nos inmovilizaron las mentes, el mundo que nos depredaron con las garras de la locura, y con las manías de poder y de grandeza.*"

Zoé Valdés, *Te di la vida entera*

De la esperanza a la tragedia

Oh, Cuba hermosa, primorosa,
por qué sufres hoy tanto quebranto.
Oh, patria mía, quién diría,
que tu cielo azul nublara el llanto.

Eliseo Grenet

Luces y sombras de la década 1950-60

La década de 1950 a 1960, portadora de vertiginosos cambios políticos y sociales en Cuba, será probablemente registrada como una de las más trascendentes en la historia de la isla. Ya hay cubanos que, pecando de exageración, la llaman «la década trágica». Porque si es cierto que en esos diez años, los eventos políticos de signo negativo se acumularon, también es cierto que en muchos otros sentidos la nación progresó notablemente. En ese sentido Cuba es un ejemplo de como un pueblo relativamente próspero se puede hundir en la miseria por las miserias de la política.

En una sola década, la aún incipiente democracia cubana, que lucía vigorosa al comenzar el decenio, se quebrantó bajo un golpe de Estado, sufrió el desgarrón de una lucha urbana y rural contra la dictadura de Batista y cerró su breve ciclo con el victorioso desfile de

13

los barbudos de Fidel Castro, quien traía oculta en su mochila la sentencia de muerte de la democracia que había jurado restaurar.

Al alborear la década, hubiera sido imposible prever la magnitud de la tormenta que se cernía sobre Cuba. Por el contrario, en enero de 1950, los cubanos tenían hartas razones para celebrar el año nuevo en un ambiente de confianza. Presidía la república un hombre joven, cordial y simpático, Carlos Prío Socarrás, cuya ascensión al poder en 1948 había simbolizado para muchos el arribo a la madurez de la «generación del 33», la que había luchado gallardamente contra la dictadura de Machado (1928-33), abriendo surcos de esperanza en el pueblo cubano.

La situación económica del país era esencialmente buena. La recuperación que, tras la crisis económica y política de 1933-34, se había iniciado lentamente había ganado fuerza durante la segunda guerra mundial y aún mantenía su impulso [1]. Abolida la Enmienda Platt en 1934, la influencia política norteamericana declinaba en el país y el capital cubano recuperaba tierras y azúcar. Dos nuevas universidades iniciaban su jornada cultural; la más importante organización obrera del país, la Confederación de Trabajadores de Cuba, crecía pujante tras haber lanzado fuera de las posiciones directivas a los comunistas [2]; la prensa escrita, encabezada por "El

---

[1] Véase las tres etapas del proceso cubano en Julián Alienes, *Tesis sobre el desarrollo económico en Cuba, Habana, 1952.* En ese mismo año de 1950, el comienzo de la guerra de Corea ayudó a mantener por un tiempo más el ritmo de crecimiento económico. Véase también, de Lowry Nelson,(*Cuba: The Measure of a Revolution:* University of Minesota Press, 1972), especialmente "advances during the 1950's'', págs. 55-58.

[2] El Partido Comunista, llamado entonces Partido Socialista Popular, había sido legalizado por Batista en 1938 y se puso a su lado en 1940 y en 1944. Después de perder el control de la CTC, el partido languideció hasta 1959. Durante la segunda dictadura de Batista, los comunistas se opusieron al 26 de julio y a la lucha violenta contra el régimen. Para una visión de las "Aventuras dialécticas" del partido, ver

(continúa...)

14

Diario de la Marina" y la revista "Bohemia", se había multiplicado en número e importancia, y la televisión, principalmente la cadena CMQ, había expandido su influencia a lo largo de la isla. De 1948 a 1954 la construcción de casas en la Habana se había duplicado y Cuba era el primer país en número de televisores en la América Latina.

Sólo seis años antes, en 1944, Cuba había ofrecido al mundo el alentador espectáculo, insólito en América Latina, de unas elecciones presidenciales honradas donde el triunfo del candidato opositor, el Dr. Ramón Grau San Martín, del partido Auténtico, había sido acatado por el gobierno presidido por el General Fulgencio Batista. En 1950 el dicho popular más escuchado en la isla era «¡No hay problema, hermano, no hay problema!». [3]

A pesar de ese optimista decir, bajo la alentadora superficie se ocultaba la usual cuota de problemas. Algunos, como los desajustes de la infraestructura económica, la dependencia del azúcar, la enorme diferencia salarial entre los obreros agrícolas y urbanos, eran ya viejos y presionaban tenazmente la conciencia nacional; otros, como la aparición de grupos gangsteriles que se autotitulaban "revolucionarios" y sembraban la prensa con noticias de violencia; y la creciente repulsa a la corrupción de algunos políticos, eran más recientes y hacían dudar de la capacidad del gobierno para imponer el orden.

Los presidentes «auténticos», Ramón Grau San Martín (1944 1948) y su sucesor Carlos Prío Socarrás, que entonces ocupaba la presidencia, habían iniciado y establecido leyes progresistas y de alto valor reformador que, como la creación del Tribunal de Cuentas y el BANFAIC (Banco de Fomento Agrícola e Industrial Cubano) ampliaban las posibilidades económicas del pueblo y contribuían a afirmar la democracia. Los dos presidentes auténticos habían, además,

---

(...continuación)

Luis E. Aguilar León, *Marxism in Latin America* (New York: Alfred Knopf; 1976).

[3] Con signo opuesto, la frase más común entre los cubanos de hoy es: "No es fácil, no es fácil".

restablecido la autoridad civil y observaban un escrupuloso respeto por las libertades constitucionales.

Sombras políticas, sin embargo, oscurecían esos esfuerzos. En 1950 era evidente que la inicial popularidad que llevó a los «auténticos» al poder se evaporaba por una fisura ética que deterioraba la imagen de sus gobiernos: la corrupción financiera. Durante la lucha contra Machado (1928-1933), quien fue dictatorial pero no deshonesto, y luego contra Batista, que fue más deshonesto que dictatorial, los jóvenes revolucionarios llegaron a ser un símbolo del cambio que Cuba necesitaba, una renovación de la ética política del pasado, una afirmación de que el nacionalismo surgía firme y honrado. Cuando los votos llevaron a Grau San Martín al poder en 1944, en lo que Eduardo Chibás llamó «la jornada gloriosa», innumerables manifestaciones populares proclamaron que Cuba se había salvado.

De ahí lo hondo que caló la desilusión cuando asomaron en la prensa las noticias de escándalos financieros gubernamentales y de malos manejos del erario público. Porque se había confiado mucho en Grau, la crítica contra él se volvió implacable y desmedida. Con el tradicional apasionamiento político de los cubanos, al gobierno «auténtico» se le llegó a negar todo lo que de positivo había logrado. En 1950, la ola de acusaciones y censuras se abatía con igual o mayor fuerza contra el gobierno de Prío.

La más visible expresión de esa corriente de protesta y repudio popular fue la emergencia y la rápida expansión del Partido Ortodoxo. Fundado en 1947 por Eduardo Chibás, un miembro de la generación de 1933 que había roto con los «auténticos» y era famoso por su honestidad y por su vehemencia personal, el Partido Ortodoxo aglutinó pronto a una impresionante masa de opositores y descontentos. Muchos jóvenes de la "generación del Centenario", así llamada porque habían asomado su perfil durante el centenario del nacimiento de José Martí (1953), nutrieron las filas «ortodoxas». Entre ellos estaba Fidel Castro. Crecida durante el período democrático iniciado en 1940, la generación del Centenario era, en su mayoría, civilista y democrática.

Recogiendo el ideal de honestidad que una vez representaron los «auténticos», Chibás eligió una escoba como símbolo del Partido y un lema, «Vergüenza contra dinero», como *motto* de su campaña. Desplegando su nacionalismo y su rechazo al comunismo, señalando los latrocinios del gobierno, Chibás se convirtió, o así fue denominado, en el «adalid del Pueblo». En 1950, apenas tres años después de haberse fundado y a dos años de las próximas elecciones presidencia-les, el Partido Ortodoxo había llegado a ser el más formidable desafío electoral que enfrentaban los «auténticos».

El Partido Ortodoxo, sin embargo, como casi todos los partidos políticos latinoamericanos, adolecía de una tradicional debilidad: giraba en torno a, y dependía de, un líder. Y Chibás era más un hombre de fórmulas que de programas, más capaz de excitar emociones y apasionamientos que de estudiar serenamente la complejidad de una situación. La popularidad de Chibás, extensa e intensa, se basaba esencialmente en las cargas radiales dominicales que, desde los micrófonos de la CMQ, lanzaba contra la corrupción del gobierno «auténtico» y contra todo lo que él juzgaba contrario a «los intereses del pueblo». Hombre de ofensiva y ataque, Chibás no manejaba bien situaciones adversas y no era muy dado a maniobrar a paso sereno. Ese carácter de agresividad permanente terminó por llevarlo a él, y en cierta medida a Cuba, al desastre.

A principios de 1951, la campaña electoral ganaba ímpetu. El ex presidente Fulgencio Batista, cuyo retorno a Cuba había sido autorizado y garantizado por Prío, había proclamado su candidatura para presidente de la república. Por su parte, los auténticos hurgaban en sus filas en busca de candidatos honestos que fueran menos vulnerables a los ataques de Chibás. El líder ortodoxo, incansable en el asalto, multiplicaba sus denuncias contra ambos, los auténticos y Batista. Algunos analistas del proceso cubano estiman que los ataques de Chibás contribuyeron a desprestigiar las instituciones democráticas cubanas. El punto es bien debatible. Pero lo que no es debatible es que el ejemplo de Chibás cundió en la isla y que, aprovechando el respeto de los auténticos por la libertad de expresión, múltiples «fiscales del pueblo», con menos jerarquía que Chibás, envenenaron el ambiente con feroces críticas a políticos, figuras e instituciones.

A mediados de 1951, Chibás enfocó su artillería contra uno de los ministros de Prio, Aureliano Sánchez Arango, revolucionario de 1933, cuya reputación de honestidad lo proyectaba como posible candidato a la presidencia por el Partido Auténtico. La táctica de la ofensiva *à outrance* se volvió esta vez contra Chibás. El ministro rechazó los cargos y emplazó al líder ortodoxo a que demostrara sus acusaciones. La polémica pública se enredó en vaciedades, Chibás no pudo mostrar las pruebas que aseguraba tener y, criticado por muchos sectores del país, su popularidad sufrió un apreciable descenso.

Aparentemente abrumado por tal resultado, el domingo 5 de agosto de 1951, al terminar su habitual programa de radio y, tras convocar a los cubanos a que atendieran su «último aldabonazo», Chibás se disparó un tiro en el vientre. Once días después moría en medio de la consternación nacional. Su entierro fue la más masiva demostración de dolor popular que Cuba había visto jamás.

La trágica desaparición de Chibás originó o agudizó, tres reacciones políticas que resultaron fatales para la democracia cubana. Primera: desorientados y divididos, los dirigentes del Partido Ortodoxo no acertaron a nombrar a un líder político de empuje y experiencia y eligieron como sustituto de Chibás a un respetado profesor universitario de pausado carácter, Roberto Agramonte, casi desconocido por el pueblo. Según el testimonio de Carlos Márquez Sterling, un líder del partido y testigo presencial de los acontecimientos, el nombramiento de Agramonte fue el resultado de una especie de «golpe de Estado» organizado por el ala izquierda del partido, dirigida por Luis Orlando Rodríguez y Enrique de la Osa —quienes después del triunfo castrista se unieron al Partido Comunista— los cuales lograron soslayar a los políticos populares e impusieron a un candidato al cual creían poder controlar [4]. La consecuencia de esta decisión fue que el Partido Ortodoxo perdió la cohesión interna y el respaldo externo que le hubieran permitido asumir posturas decisivas frente a la crisis política que se avecinaba

Segunda: libres de la amenaza electoral de Chibás y juzgando, certeramente, que Agramonte no conmovía a las masas, los «auténticos» eligieron a dos personalidades conocidas y respetadas por su honestidad, Carlos Hevia y Luis Casero Guillén, como candidatos para presidente y vicepresidente. La muerte de Chibás había liquidado las esperanzas políticas de Aureliano Sánchez Arango, juzgado «culpable» del suicidio del líder «ortodoxo». Considerando ganadas las elecciones —las encuestas mostraban un muy escaso apoyo popular a Batista—, los «auténticos», según me confesó más tarde el propio presidente Prío, «bajaron la guardia» y ni siquiera prestaron atención a los planes de Batista. [5]

Por último, la muerte de Chibás y la visible inefectividad de su sucesor convencieron a Batista de que el desprestigio de los «auténticos» y la debilidad de los «ortodoxos» hacían posible el éxito de un golpe militar. Constatando que la vía de las urnas le estaba vedada, el ex dictador se dejó llevar por un grupo de ambiciosos oficiales que llevaban meses conspirando contra el gobierno y aceptó encabezar el asalto al poder. Con increíble liviandad, el presidente Prío desechó todos los informes y advertencias sobre lo que se tramaba.

En la madrugada del 10 de marzo de 1952, los tanques salieron del cuartel militar de Columbia y llegaron al palacio presidencial en una especie de desfile militar. Lejos de ofrecer resistencia, Prío y la mayor parte de los miembros de su gobierno huyeron hacia Miami. Una huelga general proclamada a toda prisa por Eusebio Mujal, líder

---

[4] Carlos Márquez Sterling, *Historia de Cuba*, (Nueva York: Las Américas Publishing Company; 1963) pp. 355-56.

[5] Entrevista del autor a Carlos Prío Socarrás, en Washington, D.C., en noviembre 10, 1971.

de la CTC (Central de Trabajadores Cubanos), resultó inefectiva y, sin Chibás, los «ortodoxos» no atinaron a movilizar a la opinión publica. Súbitamente, la década que se había iniciado con tan brillantes apariencias se ensombrecía con amenazadoras posibilidades. El 10 de marzo había violentado la legitimidad y legitimado la violencia.

Del 10 de marzo al desembarco del Granma. (1952-56)

El pueblo cubano recibió la noticia del golpe militar de Batista con lo que podría calificarse de apático repudio. Todo el mundo comprendió la grieta que el culatazo militar había abierto en la república y la incertidumbre que se cernía sobre el futuro político del país, pero ni los derrocados ni los *derrocantes* inspiraban enérgicos entusiasmos. A Batista ya se le conocía, y su método de encaramarse al poder incrementaba su impopularidad, pero el desprestigio de los «auténticos» había tocado fondo con una tan veloz estampida hacia Miami que no había dado tiempo a organizar fuerzas para resistir al ex-dictador.

En las primeras semanas, mientras Batista estructuraba su gobierno, se proclamaba «anticomunista» [6], trataba de justificar la asonada militar con el argumento de que se había eliminado la violencia gangsteril —lo cual era cierto—, y ofrecía un pronto retorno a la «democracia» con elecciones presidenciales en 1954, lo cual era dudoso, la mayoría de la población se mantuvo quieta en una especie

---

[6] La declaración de Batista tenía más que ver con el ambiente de Guerra Fría de la época, que con sus convicciones. Durante la dictadura batistiana ningún líder comunista sufrió persecución. Por su parte, aún en noviembre de 1958, un mes antes de la caída del dictador, el PSP estuvo tratando de encontrar "un arreglo político" con el dictador. En el Mensaje al Partido Comunista Chileno, enviado en esa fecha, el PSP negaba la posibilidad de un pronto derrocamiento del dictador y pedía apoyo para la formación de una "coalición de las fuerzas de oposición". Véase, Aguilar, *Marxism* p. 43.

de negativo estupor. Esa parálisis demostró la profunda crisis interna de los partidos políticos cubanos. El Ortodoxo perdió su liderazgo y se desintegró rápidamente, y el Auténtico, que apenas si pudo hacer algunas fragmentadas declaraciones de oposición al golpe [7], no alcanzó a mover a la opinión pública. Por su parte, las instituciones cívicas de la isla, reflejo de la falta de articulación entre las clases sociales cubanas, reaccionaron tardía y débilmente.

La ausencia de líderes y programas, las vacilaciones en el qué hacer contra Batista, y la evidente arrogancia con la que el dictador rechazaba toda fórmula que abreviara la transición hacia la normalidad política, permitió que la iniciativa de la oposición a Batista pasara bien pronto a una nueva generación, la del Centen rio. La creciente tensión política, sin embargo, provocó que el lideraz,o de esa generación, la que al decir de Mañach "iba a afirmar definitivamente la democracia en Cuba" cayera poco a poco en manos de los elementos más violentos de ella, aquellos que no cesaban de proclamar que los balazos eran el único medio de derrocar a Batista.

Esa escisión entre los que podíamos llamar "pacifistas" y los "violentos" no se limitó a los jóvenes sino que recorrió a todas las generaciones. De un lado estaban los que creían que un nuevo sacudimiento de violencia revolucionaria hundiría a Cuba, y que aún era posible llevar a Batista a una restauración de la normalidad política, al estilo de la que el entonces Coronel Batista había hecho en el período 1934-40, cuando legalizó a los partidos políticos, incluyendo al comunista, y convocó a una Asamblea Constituyente libre que aprobó la Constitución de 1940. Del otro, una minoría activa y vociferante que acusaba a los pacifistas de ilusos y no admitían otro método que la fuerza.

---

[7] Una defensa del partido Auténtico, escrita por un miembro del Directorio Estudiantil de 1933, en Inés Segura Bustamante, *Cuba, Siglo XX y la generación de 1933*,(Miami: Ediciones Universal, 1986), principalmente el cap. XXIV.

Los pacifistas, encabezados inicialmente por el ex-presidente Grau San Martín, (uno de los pocos auténticos que no se fue al extranjero), intentaron recoger el guante político lanzado por Batista y anunciaron su decisión de participar en las elecciones fijadas por el dictador. Con admirable visión y coraje, el Dr. Grau, enfrentado, otra vez, a su viejo enemigo de 1933, le advirtió a Batista que mantuviera su palabra de ofrecer garantías a la oposición. Una jornada electoral honesta, auguró certeramente Grau en un programa televisado, iba a ser la última posibilidad de solucionar la crisis cubana "con votos y no con balas".

Entre tanto, los violentos se organizaban y urdían planes. Desde mediados de 1952, grupos conspiradores comenzaron a dejar sentir su influencia. El profesor y filósofo Rafael García Bárcena intentó un mal coordinado asalto al cuartel militar de Columbia que le costó prisión y tortura; y los auténticos intentaron golpes más publicitarios que efectivos. Vale la pena anotar que García Bárcena le pidió ayuda a Castro, y que éste, siguiendo una tendencia que se hará norma en el futuro, trató de disuadirlo argumentando que el proyecto de atacar un cuartel militar era un suicidio que iba a costar sangre. Un poco más tarde, el 26 de Julio de 1953, la población de la isla se sorprendió con la noticia de que un grupo de jóvenes había atacado el Cuartel Militar "Moncada" en Santiago de Cuba. El asalto, que mucho se parecía al de Bárcena, fracasó y costo casi cien víctimas. Pero el nombre de Fidel Castro Ruz, el líder de la operación, resonó por primera vez en la isla.

Juzgado y condenado, junto con otros líderes, Fidel Castro dio en prisión y allí se le permitió recibir visitas, leer libros de todos los tema y colores, publicar artículos revolucionarios y, según le confesó a Tad Szulc, aprender a cocinar las mejores "pizzas" del mundo. [8]. Al

---

[8] Tad Szulc, *Fidel a Critical Portrait*, (New York: William Morrow and Company; 1986) pp 305-24. Resulta inevitable, e indignante, comparar el trato que recibió Fidel (continúa...)

principio, Fidel se anunciaba sólo como el líder del ala más militante del Partido Ortodoxo. Eventualmente, y siguiendo probablemente las indicaciones de Raúl Castro, o de Frank País, un joven idealista de Oriente que se había sumado temprano a la rebelión, los seguidores de Fidel organizaron no un partido sino un "movimiento", el "Movimiento 26 de Julio" [9].

Irónicamente, la presión de los "pacifistas", ejercida a través de organizaciones recientemente fundadas, como el Movimiento del Pueblo Cubano de Jorge Mañach, o por los artículos de personas como Andrés Valdespino, Luis Conte Agüero, Humberto Medrano y Agustín Tamargo, fue la que, aparentemente, inclinó la balanza a favor de los que en el gobierno de Batista propugnaban una amnistía para Castro. A esa presión se sumaron las opiniones de políticos veteranos, batistianos y no batistianos, que consideraban al líder del Moncada como otro joven "revolucionario" que "maduraría" con el tiempo.

Es preciso recordar aquí, para disipar confusiones, que en Cuba, como en el resto de Latinoamérica, la palabra "revolución" no tenía la connotación de explosión social contra un sistema de gobierno que tiene en los Estados Unidos y Europa. En la América Latina hay "revolucionarios" de todos tintes y posturas. Usualmente la declaración de "ser revolucionario" no implica mucho más que una inclinación hacia "justas" reformas sociales. Es por eso que en Cuba, donde el propio Batista se declaraba revolucionario, algunos políticos hablaban del "revolucionarismo" de los estudiantes como de una especie de gripe juvenil que desaparecía con los años.

(...continuación)
Castro en la cárcel con el que han sufrido los presos políticos bajo su gobierno.

[9] Consciente o inconscientemente, los hermanos Castro seguían así el ejemplo de Adolfo Hitler, quien repudiaba la denominación de "partido" como una forma pasiva y no revolucionaria, y siempre hablaba del Nazismo como algo más enérgico y activo, como un "movimiento". Véase George L. Mose, *Nazi Culture* (New York: Schoken Books; 1966) p. XXVII.

Las elecciones de 1954, de las que Grau se retiró dos días antes, acusando, con entera razón, al gobierno de Batista de no ofrecer garantías, resultaron en el esperado triunfo del dictador y en un casi retorno a la normalidad. Muchos auténticos electos desobedecieron la consigna de Grau de no cooperar con Batista y ocuparon sus posiciones en el Congreso. Por su parte el gobierno proclamó que, de acuerdo con los preceptos constitucionales, Batista no podía aspirar a la reelección en 1958. En Mayo de 1955, para dar mayor sensación de legalidad (aunque Batista consideraba la decisión como un craso error), una Amnistía General fue dictada y Fidel Castro y su grupo fueron liberados [10]. Un mes después, el líder del Moncada partía rumbo a México

Las esperanzas de que, en el nuevo ambiente de aparente legitimidad, las fuerzas pacifistas fueran ganando terreno y la violencia política, o el incipiente terrorismo disminuyera, se desvanecieron pronto. Por un lado, el gobierno de Batista recibió con frialdad, o evidente oportunismo, las peticiones de los grupos cívicos que, organizados en lo que se llamó el Diálogo Cívico, demandaban elecciones en 1955 o 56. Por otro, nuevos grupos de acción se habían organizado para la lucha, el más importante representado por el Directorio Estudiantil Revolucionario. Finalmente, el gobierno, reprimiendo con durísima mano a los sospechosos de acciones terroristas, inició el terrible y conocido ciclo de las dictaduras: la represión oficial provocaba al terrorismo; los actos terroristas multiplicaban la represión oficial.

En el vórtice de ese ciclo, que hubiera podido romperse con iniciativas políticas sensatas, Fulgencio Batista parecía haber perdido aquella "astucia instintiva" que una vez le reconociera Jorge Mañach.

---

[10] De acuerdo con el testimonio público de Rafael Díaz Balart y Enrique Llaca, quienes tenían acceso a Batista, el dictador vaciló hasta el final en firmar la amnistía. "Este muchacho es más peligroso de lo que mucha gente cree", dicen que manifestó Batista. Pero ante una insistencia general dictó la orden de Amnistía.

Lejano y pasivo, el dictador delegaba en otros las acciones represivas, posponía largamente decisiones importantes y se limitaba a usufructar su estancia en el poder. De Batista se podría decir que fue lo suficientemente dictatorial como para provocar resistencias y no lo suficientemente duro como para vencerlas.

El año 1956 trajo dos sacudidas al régimen. En Abril, una conspiración de oficiales "puros", encabezada por el coronel Ramón Barquín, así llamados por su lealtad a la constitución y su rechazo a la corrupción imperante, fue traicionada y descubierta por las autoridades, provocando la usual secuela de arrestos. Pero el hecho de que un grupo de militares se hubiera aprestado a derribar a Batista debilitó la imagen de fuerza que pretendía ofrecer el gobierno.

En Diciembre de 1956, Fidel Castro desembarcó en el "Granma", en la provincia de Oriente, y se internó en las montañas con un puñado de seguidores. Con su usual apatía, el gobierno expidió partes oficiales dando a Castro por muerto y a la expedición por eliminada. Dos meses después, el periodista Herbet Mathews publicaba en el *New York Times* su entrevista con Fidel Castro, cuya personalidad, según su propia confesión, lo había fascinado, y trompeteaba al mundo que, alzado en las montañas de Oriente, un nuevo Robin Hood luchaba por la libertad y la democracia en Cuba. El cuadro político comenzaba a cambiar radicalmente.

Del desembarco en Oriente a la victoria de Fidel (1956-59)

La primera consecuencia que tuvo la certidumbre de que Fidel Castro y sus "guerrillas" luchaban en la Sierra Maestra, por el momento más un golpe publicitario que una real amenaza bélica a la dictadura, fue el poner en evidencia la incapacidad militar del régimen de Batista. El "general" Fulgencio, "el Hombre" como gustaban en llamarlo sus adeptos, ni había comandado jamás un regimiento, ni tenía la menor idea de cómo se organizaba una ofensiva militar. Hábil

25

en conspirar y corromper, Batista había creado un ejército sin espíritu de combate, socavado por la corrupción y el favoritismo y, por tanto, fácil de desmoralizar con una inteligente campaña de propaganda. Y Castro, desde los meros inicios, inició una hábil ofensiva ideológica destinada a convencer a los soldados de que la guerra no era contra ellos, cubanos humildes y sufridos, sino contra el dictador que los sacrificaba. [11]

Desde ese momento todas las gestiones por mediar entre el gobierno y la oposición, las iniciativas de la llamada Conciliación Nacional, la de los Amigos de la República, ésta última respaldada por la Iglesia Católica, cuya influencia real en Cuba ha sido siempre relativa, se estrellaban contra un doble obstáculo. Batista aducía que toda conversación de paz tenía que venir precedida por un deponer las armas por parte de las guerrillas, y Fidel Castro rechazaba todo pacto o diálogo con el dictador como una "traición a la revolución".

La situación adquirió matices mucho más dramáticos cuando, el 13 de Marzo de 1957, el Directorio Estudiantil Revolucionario montó un casi suicida ataque al Palacio Presidencial. El asalto por poco alcanza su objetivo fundamental: matar a Batista y descabezar al régimen. Pero el "por poco" marcó la diferencia entre la victoria y el desastre. Rechazado el ataque, muertos los principales líderes, durante la acción o más tarde cuando, gracias a una traición, fueron descubiertos en sus escondites, el Directorio Estudiantil Revolucionario, una fuerza juvenil y de arrastre, cuyos líderes se habían negado a aliarse con Fidel Castro por sus tendencias dictatoriales y comunistas, dejó de ser un factor importante en el panorama político cubano. Siguiendo su norma de no elogiar a ningún otro grupo revolucionario, Fidel, condenó el ataque como un "acto de terrorismo". En 1959, los sobrevivientes del diezmado Directorio no encontraron otra opción que sumarse al carro de la victoria fidelista.

---

[11] Radio Rebelde no se cansaba de repetir el poema de Nicolás Guillén: "Soldado quien te ha dicho a ti, soldado que te odio yo, si somos las misma cosa, tú y yo....".

Otras consecuencias del temerario asalto fueron más evidentes. Mientras Batista recibía un apoyo organizado, pero impresionantemente masivo en un mitin popular de desagravio, y los representantes de las fuerzas industriales eran presionados para que expresaran su respaldo al gobierno, la represión se intensificó de inmediato. El asesinato del ex-senador Pelayo Cuervo, uno de los líderes Ortodoxos, fue el que más impacto produjo en la opinión pública cubana.

A largo plazo, el más decisivo de los resultados fue el monopolio del liderazgo revolucionario ganado, casi por eliminación, por Fidel Castro. El fracaso de los militares "puros"; el desastre del Directorio; la derrota sufrida por una sublevación de la Marina en Cienfuegos en 1957; y la ineficacia de otros ataques a Batista, eliminaron potenciales rivales revolucionarios y permitieron que la bandera enhiesta en la Sierra Maestra fuera quedando como el único símbolo visible de la resistencia a Batista. La creciente preponderancia de Castro se puede medir por el tono de sus relaciones con los otros grupos de oposición. Fidel pasaba de sugerir la unión de todos los grupos que luchaban contra la dictadura a exigir, cada vez más perentoriamente, que el 26 de Julio fuera reconocido como la única vanguardia de la revolución.

En Diciembre de 1957, la mayor parte de las organizaciones anti-batistianas firmaron un acuerdo en Miami decidiendo cuestiones de táctica. Castro inmediatamente desautorizó a los supuestos representantes del 26 de Julio que habían aceptado el acuerdo y ratificó que "sólo el 26 de Julio está efectuando acciones a lo largo de la isla", que su Movimiento era el único que había proclamado "que no quiere participar en el Gobierno Provisional" y que Manuel Urrutia, un desconocido Magistrado de la Audiencia de Oriente, quien había votado por la absolución de uno de los rebeldes alegando que la Constitución amparaba el derecho a luchar contra la tiranía, era la persona idónea para ser presidente provisional de la república. La carta, donde Fidel habla de "asesinatos en masa de campesinos", y del restablecimiento de todos los derechos reconocidos por la constitución de 1940, termina con un despliegue martiano: luego de enumerar los sacrificios hechos por sus guerrilleros, acosados por una persecución más feroz "que la de los nazis"; tras insistir en que todo el que luchaba contra Batista debía acudir a la Sierra Maestra (a ponerse a sus órdenes), el Máximo Líder cerraba su misiva afirmando "Y sólo sabemos vencer o morir... que para caer con dignidad no hace falta compañía." [12]

Un nuevo y casi decisivo factor vino a apretar más el cerco a Batista. En Marzo de 1958, bajo crecientes críticas de voceros latinoamericanos de que Washington sólo apoyaba a los dictadores, y preocupado por el uso que Batista hacía de las armas que recibía de los Estados Unidos, el gobierno norteamericano proclamó un embargo de armas contra el gobierno cubano. La noticia causó sensación en Cuba, conmovió a los partidarios de Batista y debilitó la apariencia de solidez que trataba de mantener el dictador. El cambio en Washington inclinó a la opinión pública cubana a aceptar la idea de que Batista se tambaleaba rumbo a la derrota.

En ese momento, el creciente control de Fidel Castro sobre la oposición a Batista y la aparente debilidad del régimen, llevó al Máximo Líder a dar una orden que bien pudo haberse convertido en un desastre de primera magnitud. Ansioso por demostrar que el apoyo popular que él decía tener no se limitaba a las guerrillas en las montañas, Castro, desoyendo las objeciones de los luchadores de la clandestinidad, llamados los combatientes "del llano", y ávido por demostrar el respaldo del proletariado cubano, ordenó una huelga general a realizarse el 9 de Abril de 1958.

Ni el Movimiento 26 de Julio estaba preparado para tamaña empresa, ni las simpatías hacia Castro eran tan extensas como él creía. Los obreros se mostraron indiferentes y la huelga fue un rotundo fracaso. Por primera vez, el gobierno de Batista pudo proclamar un

---

[12] "Carta de Fidel Castro a la Organizaciones de Oposición", Diciembre 14 de 1957, en Fidel Castro. *La Revolución Cubana* (México: Ediciones Era, 1972) .

triunfo sobre "el puñado de bandidos que se habían alzado en la Sierra". Dando muestra de su carácter, Fidel maniobró para transformar la derrota en algo positivo. Culpando a los luchadores del "llano" del fracaso, el Líder se arrogó el control absoluto sobre todas las acciones de los rebeldes, en las montañas y en el llano. [13] Unos meses antes, Frank País, el fundador del Movimiento 26 de Julio, quien había subido a la Sierra en 1956 y había expresado su preocupación ante el carácter autocrático de Fidel Castro y su renuencia a permitir que sus decisiones se discutieran, fue delatado a la policía y muerto a balazos en Santiago de Cuba [14].

Por otra parte, el fracaso de la huelga apenas si compensaba el impacto del embargo de armas. Despojado del apoyo norteamericano, a Batista le era esencial ordenar una ofensiva militar y derrotar o, al menos, rechazar a las guerrillas castristas que ya parecían dominar la mitad de la provincia de Oriente. En el verano de 1958 el ejército batistiano, con su usual ineficiencia, intentó una última operación de limpieza y fracasó rotundamente. Para octubre, partidas rebeldes se aproximaban a la ciudad de Santa Clara, en el centro de la isla.

Las elecciones presidenciales de noviembre fueron la última oportunidad de contener la marea opositora a Batista, incrementada con la presencia de nuevas, aunque más débiles, guerrillas del Directorio Estudiantil y del llamado II Frente en la Sierra del Escambray. Tal vez la elección de un candidato neutral y respetado, el Dr. Carlos Márquez Sterling, hubiera obligado al 26 de Julio a aceptar su amplia oferta de paz para Cuba. Pero Batista impuso a uno de sus leales seguidores, al Dr. Andrés Rivero Agüero, y cerró esa última posibilidad. El 31 de Diciembre de 1958, de madrugada, como había llegado al poder, Batista abandonó la isla. Fidel Castro triunfaba.

---

[13] Tal versión se comprueba en los comentarios del Che en *Pasajes de la revolución cubana* (México: Ediciones Era S.A.; 1969) pp 208-14.

[14] Para las decisiones y opiniones de Frank País, ver Lucas Moran, *La revolución Cubana: una versión rebelde* (Puerto Rico: Universidad Católica; 1980.

De la revolución democrática a la revolución anti-imperialista (De enero a diciembre de 1959).

El triunfo de Fidel Castro provocó un estallido de entusiasmo en el pueblo de Cuba. En su mayoría la población no había participado en la lucha, la sangre derramada era escasa y la destrucción material mínima. Ni un solo central azucarero había sido dañado, la zafra de 1959 apuntaba ya superior a la de los años anteriores y la economía, en general, lucía vigorosa. Mucho más importante, en la década de los cincuenta, grupos económicos cubanos habían incrementado en forma impresionante su participación en la industria azucarera, [15] dándole un enorme impulso al nacionalismo económico cubano.

El héroe que bajaba de las montañas recogía en sus palabras todas las promesas que habían conmovido al pueblo por décadas: democracia honesta, libertad para todos, elecciones inmediatas, restablecimiento de la Constitución de 1940 y de todas las leyes que habían logrado avances en la era pre-Batista. Para la mayoría de los cubanos, eso era la "revolución", esos eran los proclamados objetivos del Movimiento 26 de Julio. Nadie había mencionado el marxismo-leninismo, ni expropiaciones masivas, ni objetivos socialistas. De ahí el amplio apoyo y asistencia económica que el Movimiento 26 de Julio había recibido de la clase media y de algunos sectores de la clase alta cubana.

El líder, sin embargo, tenía otras ideas. En uno de sus primeros discursos, el 8 de Enero de 1959, en Santiago de Cuba, en medio de la algazara del triunfo, Fidel anunció crípticamente: "la revolución comienza ahora". Su revolución, la que él había mantenido en secreto, la que implicaba, primero y sobre todas las cosas, el poder absoluto en

---

[15] En 1939, los 56 centrales propiedad de los cubanos producían el 22% de la producción de azúcar. En 1952, los cubanos poesían 113 centrales y controlaban el 55% de la producción nacional. En 1958, 121 centrales estaban en manos cubanas y el por ciento de participación había subido a 62. José R. Álvarez Díaz, *Un estudio sobre Cuba*, (Miami: University of Miami Press; 1963) p. 1273.

sus manos, comenzó de inmediato. En medio del entusiasmo colectivo, casi nadie advirtió que las palabras de Fidel apuntaban hacia dos objetivos: incrementar al máximo su popularidad y comenzar a erosionar el prestigio del Movimiento y de los hombres que lo habían llevado al poder. El primero se basaba en la propia imagen de Fidel, en una oratoria cargada de promesas deslumbrantes de futuro, y en una formidable campaña en torno a su figura.

El segundo se traslucía en unas declaraciones que, en aquel momento de euforia, sonaron como expresión de la modestia del Líder: "Cuando yo oigo hablar de columnas , cuando oigo hablar de frentes de combate, cuando oigo hablar de tropas más o menos numerosas, yo siempre pienso lo mismo: he aquí nuestra más firme columna, nuestra mejor tropa, la única tropa que es capaz de ganar sola la guerra: ¡el pueblo!...¿quien ganó la guerra?. El pueblo...el pueblo ganó la guerra...y lo digo por si alguien cree que la ganó él o por si alguna tropa cree que la ganó ella".

Así pues no habían sido las guerrillas, ni los combatientes del llano, ni el Movimiento 26 de Julio, quienes habían ganado la guerra, la había ganado el pueblo y solo el pueblo. Con un golpe maestro, Castro halagaba al pueblo, cuya participación en la lucha había sido mínima, y rebajaba la jerarquía de todos sus compañeros revolucionarios. Fidel no era ya el líder de un movimiento, era el líder del pueblo. La propaganda repitió de inmediato la ecuación que definía esa estrategia: "El pueblo es la Revolución, la Revolución es Fidel".

Todavía más significativa fue la insólita pregunta que Fidel lanzó sobre el auditorio. "¿Quienes pueden ser hoy, o en lo adelante, los enemigos de la revolución ?. ¿Quienes pueden ser ante este pueblo victorioso los enemigos de la revolución?", un silencio ominoso y una respuesta que iba certera hacia el futuro, "**¡los peores enemigos que en lo adelante pueda tener la Revolución Cubana son los propios**

revolucionarios!". [16] Hubo revolucionarios que se pasmaron ante esa afirmación. Pero Fidel bien sabía que cuando él comenzara a aplicar los planes que traía en la mente, muchos de esos "compañeros" revolucionarios iban a oponerse y a denunciar la "traición a la revolución". Adelantándose a tal reacción Fidel los ubicaba de antemano a ellos como los futuros "enemigos de la revolución". La cárcel y el pelotón de fusilamiento asomaban su perfil en el futuro de Cuba.

Para acentuar la importancia de lo que lograba Fidel con esas palabras, hay que señalar que el triunfo de Castro y los vítores a los "barbudos, hicieron que la mayoría del pueblo cubano sintiera una especie de complejo de culpa. La verdad es que muy poca gente había hecho nada por la revolución. De ahí que casi todo el mundo comenzara a exagerar lo que hicieron contra Batista, y que hubo hasta quienes comenzaron a dejarse crecer las barbas para lucir revolucionarios. Intuyendo ese encogimiento nacional, Fidel lanzó sobre las masas su "generosa" absolución: el pueblo es el único héroe. La tarea de tirar tiros, apuntó, fue relativamente fácil, pero ahora sí había que demostrar el apoyo a la revolución. Una ola de entusiasmo recorrió al país. El letrero de "Gracias Fidel" que apareció en innumerables casas era, al menos parcialmente, una expresión de ese sentimiento de liberación.

A lo largo de 1959 pueden, pues, percibirse dos líneas de acción política: una visible, espontánea, que se basaba en la confianza o más bien en el culto al Líder, en apoyar a una "revolución más cubana que las palmas", que le prometía a Cuba una nueva soberanía nacional y una más justa situación social. Y otra silenciosa y sinuosa, que utilizaba esa popularidad para alcanzar objetivos no confesados hasta mucho después.

La segunda, apoyada en la indudable y arrolladora popularidad de Fidel Castro, maestro en el manejo de las multitudes, se movió

---

[16] El texto del discurso en Fidel Castro, *La Revolución Cubana* (México: Ediciones Era, 1972) p.139-41.

tenazmente hacia sus objetivos. Tres meses después del triunfo, Fidel Castro era ya Primer Ministro y nadie más en Cuba disfrutaba de una onza de poder. El lema lanzado al pueblo en los primeros meses después del triunfo era altamente significativo "Elecciones, ¿para qué?". A ese siguieron otros, planeados o improvisados, "Pan sin libertad, libertad sin pan", "Esta es una Revolución Humanista", todos los cuales fueron aprobados, sin críticas ni dudas, por la gran mayoría del pueblo. [17]

En junio, el presidente Urrutia, seleccionado para ese cargo por el propio Castro, mencionó la creciente influencia de los comunistas en el gobierno y fue, de inmediato, víctima de un brutal ataque televisado del Máximo Líder y forzado a pedir asilo en la Embajada de Venezuela. En octubre, en un mitin, convocado para condenar la "traición" del Comandante Huber Matos, quien se había limitado a renunciar a su cargo y a denunciar "la creciente influencia de los comunistas", Castro anunció el restablecimiento de los Tribunales Revolucionarios, prometió el "paredón" para todos los enemigos de la revolución y creó las Milicias Nacionales. Cuando se hizo oficial la propaganda de que "ser anti-comunista era ser contrarrevolucionario", muchos miembros del 26 de Julio renunciaron a sus puestos, comenzaron a conspirar, o se fueron silenciosamente al exilio. Algunos de ellos, como el Comandante Humberto Sorí Marín, cayeron bajo las balas del pelotón de fusilamiento. En noviembre, una intervención personal de Fidel Castro anuló las elecciones libres en la CTC , donde los comunistas habían sido abrumadoramente rechazados, y, en nombre de "la unidad revolucionaria" se les impuso a los obreros un puñado de líderes comunistas. [18]

---

[17] Para un vislumbre de cuan intensa era la voluntad de creer, vease en este mismo volumen "El Bombardeo de la Habana y el fanatismo político".

[18] En su obra *Clase Trabajadora y Movimiento Sindical en Cuba* (Miami: Ediciones Universal, 1996) Vol II, pag 79, el profesor Efrén Córdova afirma que la

(continúa...)

En Diciembre de 1959, al cerrar la década, Fidel Castro podía proclamar que "la Revolución, con el pleno apoyo del pueblo, tiene hoy en sus manos todos los resortes del poder y seguirá adelante hasta alcanzar sus últimos objetivos". Para entonces, sólo quedaban en Cuba dos periódicos, el "Diario de la Marina" y "Prensa Libre", con libertad suficiente como para demandar cuales eran esos "objetivos últimos", todos los otros habían sido silenciados. Esos dos últimos desaparecerían en Mayo de 1960. Poco tiempo después "Bohemia" y la CMQ fueron "liberados" por el régimen.

Un año más tarde Fidel Castro confesaría que había sido siempre Marxista-Leninista y que lo seguiría siendo hasta su muerte. Con una inusitada pero dudosa sinceridad, el Máximo Líder añadió que había ocultado esa su ideología fundamental porque de haberla proclamado antes no hubiera podido llegar a la victoria.

El joven Ortodoxo que en 1950 se proclamaba Chibacista, y que el 16 de Enero de 1959 había jurado ante la tumba de Chibás que no era comunista, se sentía tan firme en el poder un año más tarde, como para poder alardear de que le habían mentido al pueblo y exhibir a la luz pública su fe en el marxismo leninismo. La sentencia de muerte de la democracia cubana era ya oficial. La larga noche de una dictadura comunista descendía sobre Cuba.

Pero demos una ojeada al marxismo de Fidel Castro.

Caudillismo y voluntad de poder

Como hemos visto, desde los meros inicios de su proyección pública Fidel Castro desplegó con ímpetu notable tres de los rasgos

---

(...continuación)

intervención de Castro y el sometimiento de los líderes obreros legítimamente electos, tuvo consecuencias "casi tan fatídicas como las que tuvo antes el 10 de Marzo".

usualmente adscritos al caudillo: audacia, violencia y despotismo. Al entrar de lleno en la vía revolucionaria Fidel va a mostrar el motor decisivo de su conducta: la voluntad de poder, de poder absoluto, de jerarquía indiscutida. Este último aspecto es esencial para entender no sólo su camino hacia la victoria, sino la peculiar estructura de su régimen socialista.

Porque no se trata de una común ambición de poder. En mayor o menor medida, tal ambición late en casi todos los políticos (y me atrevería a decir que en casi todos los seres humanos). Lo que transforma ese impulso en arma excepcional y formidable es la capacidad de convertir al poder en objetivo único y fundamental, cuya adquisición amerita y justifica todos los sacrificios, todos los esfuerzos, todas las medidas, todas las infamias, todos los crímenes. Quien así galvaniza y concentra toda su energía adquiere una enorme ventaja sobre sus contendientes, sean ellos amigos o enemigos. Porque mientras los otros dispersan sus esfuerzos, o vacilan en las decisiones o sienten enervantes escrúpulos, tal persona se mueve firme, tenaz, implacablemente hacia el objetivo anhelado. "Lenin duerme poco" anotó uno de sus camaradas en el exilio, "y cuando duerme sueña con el poder". El propio Lenin le confesó a Máximo Gorki que el no podía escuchar a Beethoven, porque su música lo distraía y lo debilitaba.

Fidel Castro siente esa misma implacable e indesviable obsesión de poder. Ello explica su impasibilidad frente a los sentimientos que no tengan que ver con el poder. Nada lo inmuta. Deja partir a su familia hacia el exilio. Degrada y arresta a su hijo. Fusila o "ayuda a morir" a sus más cercanos compañeros de lucha, desde Frank País hasta Arnaldo Ochoa. Y no muestra la menor compasión por los presos que se pudren en sus cárceles. Sólo pestañea ante las quejas si el mejoramiento de esas miserables condiciones o la libertad de alguien pueden ayudar a mejorar su imagen en el extranjero. Vacío de sentimientos, Castro es un actor lleno de sí mismo. Si tuviera que hundir a Cuba para salvar su "prestigio histórico", la hundiría como se hunde a un pobre barquichuelo.

Ahora bien tal consagración anímica no nace de un mero apetito de poder. Se requiere un ingrediente más esencial. En tipos excepcionales como Hitler o Castro alienta una tensión espiritual o psicológica que los sitúa muy por encima de los demás líderes, dictadores o caudillos (lo cual no implica que dejen de serlo). Ello es lo que pudiéramos llamar una convicción mesiánica. Me refiero a una aberrante identificación entre el individuo y la misión histórica a la que se siente llamado: Dios, la revolución, el partido, la nación, la raza. Tales individuos no son farsantes, no son demagogos, no adoptan posturas, todo lo contrario, parte integral de su fuerza está en la profunda autenticidad de sus convicciones.

Cuando, durante la Revolución Francesa, Mirabeau oyó hablar por primera vez a un desconocido abogadillo de provincias, llamado Robespierre, le preguntaron si no le parecía un pedante. El famoso tribuno movió negativamente la leonina melena y comentó sombríamente: "No, es un hombre muy peligroso, porque se cree todo lo que dice". Sí, Robespierre creía sinceramente que él era la Revolución; como Hitler creía que él era Alemania; como Fidel cree que él encarna la voluntad del pueblo cubano. Armados de una invencible confianza en sí mismos, tales personajes, que en circunstancias normales pudieran ser tratados casi a nivel demencial (recordemos que a Fidel de joven le llamaban "el Loco"), en circunstancias excepcionales hacen de su fe y de su confianza instrumentos casi irresistibles de victoria.

Inevitablemente sin embargo, cuando surgen los obstáculos, la misma fuerza que llevó a esos individuos al poder, cambia de signo y los lleva al desastre. Como resultado, el riesgo colectivo, el precio que paga la sociedad por esos "iluminados" infalibles suele ser terrible. [19]. Empezando porque quien cree que lleva la verdad en la mano, quien

---

[19] El ejemplo más temible, aunque no el único, es el de Hitler derrotado, ordenando la destrucción total de las fabricas v recursos alemanes con la lógica monstruosa de que si Alemania no había sido capaz de conducirlo a la victoria, Alemania no merecía sobrevivir.

se siente instrumento del destino, no admite críticas ni discrepancias. Peor aún, la más mínima desavenencia le resulta sospechosa, como producto de malsanas intenciones o de oscuras conspiraciones. Obviamente esa dimensión mesiánica de Fidel explica la serie de catastróficas decisiones que han hundido a la economía cubana, [20] y su tendencia a justificar sus fracasos en términos de "conjuras" internas, de flaquezas de otros, o de la siempre presente y obsesiva conjura del imperialismo norteamericano.

La tentación totalitaria

Lo cual nos lleva a una última y decisiva cuestión. ¿Por qué la proclamación del socialismo? No creo ni pretendo tener la única respuesta a tan esencial pregunta. Frente a ella, los estudiosos de la revolución cubana se dividen en dos grupos antagónicos : los que piensan que Fidel era comunista desde sus años universitarios (o tal vez desde antes), y que engañó a todo el mundo con sus promesas democráticas; y los que sostienen que Fidel fue "empujado" al comunismo por la estupidez del Departamento de Estado norteamericano o, si se quiere ser más concreto, por el imperialismo yanqui.

A mi juicio la respuesta estriba en las alternativas que tenía Fidel. A fines de 1961, Fidel estaba ya en el ápice del poder, pero, sólo tenía delante dos posibilidades de legitimar su régimen: la democracia, lo cual implicaba aceptar limitaciones a su autoridad, críticas y contrapesos; o una fórmula ideológica que le permitiera "autenticar" su poder absoluto. La trayectoria caractereológica que hemos trazado

---

[20] En 1965, Fidel asombró al famoso economista marxista francés René Dumont, cuando concluyó una discusión sobre la necesidad de la eficiencia en el trabajo afirmando, "En cualquier cargo yo prefiero a un buen revolucionario incompetente que a uno competente no revolucionario". René Dumont, *Cuba, est-il socialist?* (Paris: Seuil, 1970) p.50.

en este ensayo no deja la menor duda de hacia donde tenía que volcarse la decisión fidelista: hacia el control permanente de todos los resortes del poder. Después de la derrota del fascismo en la Segunda Guerra Mundial la mejor y más atractiva fórmula ideológica de poder absoluto la brindaba el comunismo.

No se trataba de ideologías sino de hechos. El resultado concreto de las más importantes revoluciones socialistas, la rusa, la china o la coreana, había sido la emergencia de un líder absoluto y omnipotente. El que tal líder gobierne en nombre de los proletarios o de los pobres no disminuye un ápice la realidad de su dictadura. De ahí que en los Sesenta, o quizás hasta el derrumbamiento de la Unión Soviética, la tentación socialista-totalitaria se haya hecho tan atractiva entre las naciones emergentes de África o de Asia.

Lo primero que muchos líderes de esos pueblos veían en el marxismo, no era la vasta complejidad de estructurar una economía socialista, ni la ardua tarea que implica construir una sociedad comunista; lo primero que vislumbraban era que la proclamación "socialista", ya sea en Mozambique, en Grenada, o en Etiopía, justificaba la inmediata implantación de una dictadura. Y si muchos de ellos no tenían la más vaga noción de qué era el socialismo, todos ellos sabían muy bien lo que era una dictadura. Fidel tenía la voluntad de poder absoluto; y el socialismo le ofrecía la fórmula política para ejercerlo.

Ello no quiere decir, desde luego, que Fidel no haya tenido posibles tendencias izquierdistas o experimentado ciertas influencias marxistas. Ni siquiera niega lo que antes apuntamos sobre la vocación mesiánica de Fidel, quizás auténticamente inclinada hacia los humildes o hacia el odio a los ricos. (¿No fue acaso Dostoievski quien escribió acerbamente? "Las muchedumbres descalzas y rotas son las fuerzas de los líderes bien alimentados y vestidos."). Lo que trato de apuntar es que en las prioridades vitales de Fidel su apetito de poder es anterior y superior a su vocación socialista, es decir, que Fidel es primero Fidel, luego es dictador y finalmente socialista. De ahí que su marxismo-leninismo, proclamado un poco apuradamente en vísperas de la invasión a Playa Girón, haya sido siempre de túnica amplia, plegable a sus designios y objetivos de caudillo. En todos los discursos de Fidel no hay ni una referencia al marxismo que sobrepase el nivel de kindergarten. [21]

Solamente así se comprende la renuencia de Fidel a 'institucionalizar" el socialismo en Cuba, su capacidad para imponer sus decisiones por encima de todos los aparatos del partido, y también lo que pudiéramos llamar, siguiendo a Merlau-Ponty, las aventuras de la dialéctica fidelista. Porque no hay que olvidar que el marxismo-leninismo de Fidel no le impidió embridar ásperamente las aspiraciones del partido comunista cubano cuando sus líderes parecieron tomar demasiado en serio sus posibilidades de mando. Aníbal Escalante en 1962 y Marcos Rodríguez en 1964, fueron las "cabezas de turcos" que sirvieron para desmembrar a la llamada "vieja guardia" comunista y reducirla a un papel segundón y limitado [22]. Como antes el Directorio

---

[21] De entre los muchos libros que han explorado este conflicto entre la proclamación socialista y la actitud caudillista de Fidel, basta mencionar el del propio Dumont, citado anteriormente, y los de Antoine G. Petit, *Castro contre le Marxisme-Leninisme* (Paris: RobertLaliont, 1968); K. 5. Karol, *Guerrillas in Power* (New York: Hilí & Wang, 1970); Edward Gonzalez, *Cuba Under Castro: The Limits of Charisma* (Boston: Houghton Mifilin Co., 1974) y Ronald Radosh, ed., *The New Cuba Paradoxes and Potentials* (New York: William Morrow and Co., 1976).

[22] Para cortarle las alas a los comunistas, a algunos de los cuales llamó sarcásticamente "bachilleres de marxismo", que se habían pasado la revolución "metidos debajo de la cama". Fidel reverdeció los laureles heroicos de los combatientes de la Sierra. "¿Cuál debe ser nuestra actitud ante los viejos comunistas? — preguntó. Debe ser una actitud de respeto... ¿Cuál debe ser la de él? La de la modestia", *Obra Revolucionaria*, p. 538. A la luz de lo escrito en este ensayo, resulta altamente significativo que el propio Fidel admitiera que se le estaba acusando de fomentar el "culto a la personalidad". "Mucha gente se preguntaba sobre el culto a la personalidad, ¿irá a pasar aquí igual que en la Unión Soviética? ¿Será el primer ministro del gobierno revolucionario un hombre al que hay que vigilar para que no caiga en el

(continúa...)

Estudiantil, el 26 de Julio y la C.T.C. Revolucionaria, el Partido Comunista aprendió que sólo podía existir como instrumento del dictador. Cuando los rusos retiraron los cohetes de Cuba, Castro criticó acerbamente a la Unión Soviética y se negó a inclinarse de un lado o de otro en la disputa sino-soviética[23]. Más aún, de 1963 a 1968 Fidel saltó por sobre el marxismo "ortodoxo", para llamar a la Nueva Izquierda latinoamericana a una cruzada revolucionaria que desconocía los principios básicos del marxismo. Fue la época en que frente al viejo dogma marxista de que la revolución la tiene que hacer el proletariado, y que la vanguardia del proletariado es el partido comunista; Fidel lanzó la consigna de que las guerrillas campesinas eran la verdadera vanguardia de la revolución .

Consecuente con sus antecedentes, Fidel adecuó el marxismo a sus aspiraciones de ascender de líder del pueblo cubano a líder del continente. Los Andes iban a ser la "Sierra Maestra" de la América Latina y Fidel su máximo mentor. Cuando los partidos comunistas del continente se arriscaron frente a la herejía socialista propalada por Regis Debray, vocero del entonces llamado Castrismo, Fidel no vaciló en fustigarlos duramente. Los líderes comunistas fueron tildados de cobardes, de no tener mentalidad revolucionaria, y aún peor, de ser seudoaliados del imperialismo. Una vez más, frente a objeciones prácticas y teóricas de los marxistas ortodoxos, Fidel alzó su propia

---

(...continuación)
culto a la personalidad?" Ibid., p. 528 (El discurso es de fecha marzo 26 de 1962).

[23] En su discurso de marzo 13 de 1965, por ejemplo, Fidel reiteró su desacuerdo con la retirada de los cohetes de Cuba y se negó airadamente a que lo obligaran a intervenir en la polémica chino-sinosoviética: "Y es conveniente que se sepa que aquí la propaganda la hace nuestro partido!.. y que si no queremos que nadie venga con la manzana de la discordia, porque no nos da la gana, ¡nadie nos puede traer de contrabando la manzana de la discordia!" Ver *Cuba*, abril de 1965, p. 44. El texto completo en "Division in the Face of the Enemy was never a Revolutionary or Intelligent Strategy", discurso editado por la Comisión de Orientación Revolucionaria de la Dirección Nacional del PURSC.

fórmula "la revolución la va a hacer el pueblo, con el partido o sin el partido, pero la va a hacer el pueblo". [24]

Hacia 1967 parecía que Fidel estaba a punto de lograr su sueño y transformarse en el gran caudillo de una revolución guerrillera continental. Que ello se lograra a espaldas de los partidos marxistas-leninistas era secundario, lo importante era la acción directa, la Tricontinental, la OLAS, la sombra de Fidel asomándose en todos los rincones de la América Latina.

Por razones demasiado complejas para explicarlas aquí, el sueño continental quedó trunco. Los ejércitos latinoamericanos resultaron más profesionales que el ejército de Batista y los Andes se cubrieron con los huesos de guerrilleros derrotados. Para colmo, en 1967, en Bolivia, Regis Debray fue capturado y el Che Guevara fue muerto. Los insultos de Fidel a Mario Monje y a los líderes comunistas de Bolivia fueron inútiles [25] Más allá de Cuba, la oratoria fidelista no tenía capacidad aplastante. Afirmados en sus convicciones marxistas-leninistas, respaldados por la Unión Soviética, los partidos comunistas del continente se mantuvieron firmes en su rechazo a la fórmula guerrillera [26]. Por otro lado, mientras unas tras otras las guerrillas campesinas caían bajo el peso de los ejércitos, y los golpes militares se multiplicaban en el continente, la declinante economía cubana obligaba a Fidel a concentrarse en esfuerzos internos que requerían una mayor ayuda soviética. En 1968, Fidel plegó las banderas continentales, renunció a su herejía marxista y se alineó disciplinada-

---

[24] Ver, por ejemplo, Regis Debray, *Revolution dans la revolution?* (Paris: Edit. Maspero, 1967), p. 103.

[25] El texto contra Monje en "Una Introducción necesaria" de Fidel Castro al *Diario del Che en Bolivia* (México: SigloVeintiuno; 1973).

[26] En marzo de 1967, el Partido Comunista Venezolano rechazó las acusaciones de Castro y se negó a aceptar que Fidel era "el Papa del comunismo". El artículo fue publicado en "Respuesta del Partido Comunista a Fidel Castro": *El Nacional* (Caracas, marzo 17/67).

mente junto a la Unión Soviética. Su aplauso a la invasión rusa de Checoslovaquia y la creciente ofensiva verbal contra China marcaron los hitos del viraje.

Su inexhaustible sed de proyección internacional, no encontró ocasión de mostrarse hasta 1975 cuando, con el apoyo y el consentimiento soviético, las tropas cubanas fueron lanzadas no hacia los Andes, sino hacia el distante y enmarañado continente africano. La aventura africana fue un enorme e inútil derroche de sangre cubana, de soldados combatiendo y muriendo por la Unión Soviética frente a africanos que, como en Somalia, nada tenían que ver con el imperialismo norteamericano y que terminó en una humillante y general retirada. Simbólicamente, el "héroe" de Angola, el general Arnaldo Ochoa terminó fusilado. Según Castro, el colosal fracaso se debía a la traición de los rusos. [27]

Mientras tanto, a los casi cuarenta años de detentar un poder absoluto, habiendo desaparecido la Unión Soviética, con una economía hecha trizas, con millones de cubanos fuera de la isla y miles de otros en las cárceles, Fidel Castro sigue esgrimiendo los viejos lemas, pidiendo nuevos sacrificios y prometiendo una futura y lejana victoria a un pueblo exhausto que ya ha dejado de escucharlo. Fidel ni cambia ni puede cambiar de postura. El marxismo puede haber fracasado, pero él no ha fracasado. Y, trágicamente, él, solamente él, tiene en sus manos la capacidad de decidir cual será el futuro inmediato de Cuba.

---

[27] Robert E. Quirk, *Fidel Castro*, (New York: W.W. Norton: 1996). Especialmente el capítulo 28, "Cuba en África".

¡Paredón, Paredón! [27]

En la última semana de octubre, el Comandante Hubert Matos fue arrestado en Camagüey y, antes de proclamarse su delito, en un mitin público en La Habana, frente a una masa delirante, Fidel Castro clamó por el «paredón para los traidores»... Para muchos cubanos, el terrible espectáculo, proyectado por la televisión, marcó el final de un período y, también, de una esperanza. Éste fue el único artículo que se publicó en Cuba alzando una protesta contra el método de terror.

Ha sido una semana cargada de hechos pesarosos, de acontecimientos que gravitan sobre el alma con una indefinible sensación opresora. No se trata sólo de la indignación y la repulsa que producen los planes arteros de los asesinos de ayer, los cuales hemos condenado enérgica y públicamente. Significó sentimientos más radicales y hondos. Primero fue el terrible espectáculo de una muchedumbre coreando a grito unánime un solo ominoso vocablo: "¡Paredón, paredón!" Parecía que se trataba de un tema de música popular; pero se trataba de un muro agujereado por las balas y de

---

[27] Publicado en el periódico *Prensa Libre*, La Habana, 1ro. de noviembre de 1959.

hombres silenciosos avanzando en el amanecer hacia la muerte. Tenía un cierto eco alegre. Pero implicaba la decisión sobre la vida o la muerte de unos compatriotas encarcelados. Y como creo que la existencia es el más alto valor que tiene el ser humano; y como creo que la sociedad tiene alguna vez el derecho a suprimirla, pero nunca así, al desgaire de una plaza pública, bajo el frágil enardecimiento de una muchedumbre frenética, mi alma se llenó de pesadumbre.

Y frente al grito rítmico y masivo, con la insistencia de una pesadilla y la tenacidad de un latido, mi angustia interior se me desdoblaba en múltiples tenaces preguntas: ¿Dónde estaba toda esta gente mientras allá en la Sierra el rebelde contra el cual vociferaban se jugaba la vida por la libertad de Cuba? ¿Qué hacían entonces todos estos exaltados que ahora, bajo la tremenda impunidad del número, palmotean y demandan la muerte de una persona a quien aún no se le ha dado la oportunidad de defenderse, contra quien no se ha aportado todavía ni una sola prueba válida? ¿Es que la libertad, la vida y el prestigio de seis millones de ciudadanos van a depender de lo que grita en una arena pública una fracción airada de esos seis millones?

Y ahora, al final, la incertidumbre por la desaparición de Camilo Cienfuegos. Camilo, el de la sonrisa franca y la actitud cordial. Camilo, el héroe de múltiples combates, desaparecido así, absurdamente, *en lo que parece ser* un trágico y trivial accidente mecánico, indigno de su leyenda y de su historia.

Cierra la semana con un balance de pesadumbre. Vuelven los tribunales revolucionarios, se nos desaparece un héroe, nos queda inserto en la retina el sombrío precedente de un hombre juzgado a voz en cuello en una plaza pública. Y detrás, como en las tragedias griegas, queda resonando un coro oscuro e implacable que martillea sobre las conciencias un solo, terrible vocablo: ¡Paredón! ¡Paredón!".

Una tumba sin nombre ni esperanza

Uno de los más infames métodos del mundo totalitario es la capacidad, perfeccionada con los años, de hacer desaparecer a personas, vivas o muertas, acusadas de haber "violado" la seguridad del Estado.

Hasta hace unos pocos años, cualquier individuo que caía en desgracia en la Unión Soviética, podía ser fusilado, asesinado, o enviado a un Gulag para que se desvaneciera en el ámbito silencioso y blanco de la nieve. Esa persona se convertía en "no persona", en un ser que nunca existió, que nunca pintó, compuso música o escribió. Y a quien era peligroso mencionar.

Los manuales soviéticos de la revolución rusa borraron de sus páginas a Trotsky, el creador del Ejército Rojo; centenares de líderes del partido comunista chino se esfumaron después de la revolución cultural; Kundera comienza uno de sus mejores libros señalando cómo todo lo que queda de una gran figura comunista es un sombrero flotando en una foto.

El método funciona en Cuba. Hace poco me enviaron un ejemplar de *Granma* donde aparecía la foto de tres uniformados luchadores de la Sierra. Dos eran identificados, entre ellos Raúl, y el otro mencionado como "un compañero desconocido". El compañero anónimo era el comandante Frank Pena, uno de los primeros que se unió a los Castro en la Sierra. ¿Su crimen? Haber absuelto a pilotos de Batista acusados de "genocidio'". ¿Su castigo? El "suicidio" y su desaparición histórica.

En el cementerio de Colón, en La Habana, en medio de ángeles barrocos que despliegan su duelo de mármol, hay una tumba aislada, rodeada por yerbas mal cuidadas que ondulan en la brisa. En la lápida escueta, sin nombre ni fecha, hay esculpido un enigmático mensaje: "A Nime de su familia".

Las flores que alguna vez depositan manos piadosas, son sigilosamente retiradas por manos oficiales. Los guardias del cementerio toman buen cuidado de que la tumba se mantenga descuidada. El llanto junto a la lápida está estrictamente prohibido.

Las autoridades han denegado la petición familiar de que el cadáver sea trasladado al pequeño panteón de sus padres. A la viuda le permiten espaciadas y breves visitas. Nadie más puede cruzar la cortina de silencio que rodea al hombre de la máscara de hierro.

Quien busque en el registro de defunciones la identidad de quien allí yace, y las razones de por qué allí yace, ha de quedar defraudado. La partida correspondiente al número de la tumba (K.46.672) no ofrece más que una árida información *"Nombre:* desconocido. *Edad:* desconocida. *Estado civil:* desconocido. *Ocupación:* desconocida. *Causa de la muerte:* desconocida".

El desconocimiento oficial es cerrado e inexpugnable. Pero ocurre que los documentos oficiales mienten y que los guardias del cementerio también mienten. La partida en el registro oficial debería rezar *Nombre:* Arnaldo Ochoa Sánchez *Edad:* cincuenta y siete años. *Estado civil:* casado. *Ocupación:* Guerrillero en la Sierra Maestra, organizador de campañas revolucionarias en Venezuela, Nicaragua, Etiopía, Somalia y Angola. General del Ejército de Cuba. Héroe de la Revolución. *Causa de la muerte:* acusado por el Comandante Supremo de traficar drogas y fusilado tras un juicio relámpago.

La lápida no dice nada. El registro de defunciones oculta la verdad. La tumba permanece descuidada y sola, sin flores, ni lágrimas, rodeada de mudas y ondulantes yerbas, plantadas allí por el rencor implacable de un dictador que extiende su odio más allá de la muerte, y por la abyecta sumisión de sus compañeros de armas.

El miedo a todos los miedos

Algunos sectores de la prensa norteamericana insisten en sugerir que los cubanos de la isla le tienen miedo a todo cambio porque la propaganda oficial los ha convencido de que los exiliados van a volver a quitarle todo lo que tienen.

Si ese es el caso, que yo no lo creo, es posible imaginar una escena surrealista.

Se iniciaba el año 2009 de la Era cristiana, y el viejo comandante se aprestaba a celebrar el Cincuentenario de la Revolución. Jadeando por largos caminos de polvo y de hambre, miles de cubanos habían sido arrastrados a las decrépitas ruinas del Monumento a Martí para rendirle tributo al gran Jefe. Bajo un palio de rotos quitasoles de palmeras, con graves temblores en las manos, el anciano líder repartía migajas de pan y yucas tostadas a los héroes del trabajo.

Mezclado en el macilento público, Herman Rauchnisg, del "Archaologisch Museum Von Vesterneirt Umdrehungs" (el "Museo Arqueológico de las Revoluciones Fosilizadas"), tomaba notas y recogía impresiones. Ante un grupo de cubanos uniformados con los taparrabos rojinegros de las Fuerzas Armadas, y armados con lanzas de bambú, regalo de la República Capitalista China, Rauchsning ensayó algunas preguntas.

"¿Por qué celebran ustedes el aniversario de una dictadura que les ha quitado todo y no les ha dado nada?", preguntó.

Los cubanos se miraron sobrecogidos y susurraron "le tenemos miedo a la represión. El Gran Gurú tiene mil ojos y diez mil orejas".

"Pero hay cubanos que se han rebelado contra la dictadura", adujo el alemán.

"Esos son los locos... nosotros estamos cuerdos", respondió el vocero del grupo."

"¿Y a que más le temen?", preguntó Rauschnig.

"Le tenemos miedo al cambio", susurró el grupo.

"¿A que cambio?", demandó intrigado el investigador.

"A cualquier cambio", murmuró oscuramente el vocero.

"El cambio es malo", exhaló el coro, "El Gran Gurú lo ha dicho... El cambio es un viento negro que viene del norte y deja ciegos a los humanos... el cambio es como un gusano que roe los huesos y nos destruye".

"¿Y a que más le tienen miedo?"

"Le tenemos miedo a los exiliados", musitó el coro.

"!Ah!", comentó Rauchsing, "ustedes temen que los hambrientos exiliados vengan a la isla".

"No" aclaró el vocero, "nosotros sabemos que los exiliados no pasan hambre, que tienen trabajo y viven en casas grandes y que se trasladan de un lugar a otro en coches sin caballos"

"Aquí también tuvimos coches sin caballos", intercaló tímidamente uno del grupo "en época de nuestros abuelos".

"Pero", se apresuró a añadir otro, "luego el Gran Gurú nos enseñó que los coches sin caballo corrompen el alma y atrofian los músculos . Por eso nosotros somos fuertes, porque todo lo hacemos sobre nuestras firmes piernas".

"!El Gran Gurú lo sabe todo!.. El Gran Gurú..." comenzó a entonar el coro. Pero Rauchsing los interrumpió secamente.

"Sí, sí, ya he oído el canto... entonces le temen a los exiliados que vengan llenos de venganza".

"No", afirmó el vocero, "los que tenían sed de venganza ya han muerto"

"Entonces ¿a qué le temen?

"Le tenemos miedo a que vengan y nos quiten todo".

El sabio alemán los miró estupefacto, "¿que les quiten lo que tienen? ¿Pero qué tienen ustedes?"

Entonces, como si sintieran las manos del despojo atenazarles los cuerpos, los cubanos se afirmaron los taparrabos, se abrazaron a las lanzas de bambú, escondieron apresuradamente los collares de cobre, y repitieron al unísono:

"Ellos vienen a quitarnos todo".

Y se esfumaron entre la multitud dejando, al sabio Herman Rauchsnig a solas con su asombro.

La amargura de la unidad en el exilio

Tragicomedia en un acto e infinitas escenas

Al levantarse el telón se ve, al fondo, una gigantesca pantalla con Fidel Castro hablando en un mitin. Frente a la pantalla, de cara al público, hay cuatro cubanos exiliados de diferentes edades. Delante de ellos un reportero rubio, cuaderno en mano, va a iniciar el interrogatorio.

La voz de Fidel truena en la pantalla: " ¡Nosotros hundiremos la isla antes de dar un paso atrás!... ¡Aquí caeremos juntos antes de que vuelva el enemigo!"... El discurso sigue, pero ahora la voz se hace inaudible. Fidel continúa gesticulando en silencio.

El reportero se dirige al cubano de mayor edad.

—¿Qué edad tiene usted?

—Ochenta años.

—¿En qué año vino al exilio?

—En 1959. Yo fui de los primeros en darme cuenta que el tipo ése era un comunista desorejado y me fui de Cuba para combatirlo. A mí no me engañó nunca ese canalla.

El periodista se dirige al segundo cubano.

—¿Edad?

—Sesenta años.

—¿Cuándo vino?

—En 1969. Yo quería irme desde 1960, pero no me dejaron. Tuve que esperar tiempo pare poder sacar a mi familia.

Dirigiéndose al periodista, el primer cubano comenta con un tono irónico:

—Mire, hay que darse cuenta que muchos cubanos se fueron cuando aquello empezó a ponerse malo. Antes no les molestaba mucho si Fidel era comunista.

El hombre de los apuntes se detiene frente al tercer cubano. El individuo no espera por las preguntas.

—Yo tengo cuarenta años y llegué al exilio en 1980.

Los dos cubanos anteriores se miran con una sonrisa cómplice y aclaran a dúo:

—Este vino por el Mariel, es un marielito.

El periodista los mira... —¿Y? —, pregunta.

"Bueno", dice el más viejo. "Entiéndame, yo no tengo nada contra los marielitos, muchos de ellos son buena gente, pero otros llegaron con el cerebro un poco lavado. Quiero decir, que muchos de ellos no piensan como nosotros".

Sin mirarlo, el marielito aclara "Yo estuve preso tres años".

El interrogador se sitúa frente al cuarto personaje.

El joven se apresura a hablar.

—Yo tengo veinte años y me escapé de Cuba en 1990.

Los otros tres lo observan en silencio.

El de sesenta comenta: "Éste sí que es uno de los "hijos de la revolución". El de ochenta rezonga: "Éste se educó en el marxismo". El marielito le pregunta: "¿Estuviste preso alguna vez? " El muchacho responde "No, yo era pintor, personalmente no se metieron conmigo, pero me censuraban mi obra y me cerraron mis exhibiciones por considerarlas contrarrevolucionarias".

El de ochenta se sonríe: " ¡Oye eso! ¡Qué castigo más terrible!... ¡le cerraron las exhibiciones! "

El joven imprime un comentario:

—Muchos de mis compañeros han sido presos y golpeados.

El reportero dice:

—Entonces todos ustedes son anticastristas.

—¡Sí! —responden a coro los cuatro.

—Y como todos, en mayor o menor medida, son víctimas de la tiranía, se han unido para luchar contra Castro.

Los cuatro se miran entre ellos con algo de vergüenza.

—Bueno, dice el de ochenta, el problema es que casi toda esta gente, especialmente los más jóvenes, no saben lo que es la democracia, ni lo que era Cuba, y ahora llegan aquí, y quieren ser héroes y dirigir al exilio. Y yo creo que muchos de ellos son responsables del desastre que vive Cuba y, por lo tanto, deberían seguir las direcciones de los que nunca nos dejamos engañar.

—El problema, ripostó con voz airada el más joven, es que aquí hay una serie de momias obsoletas que no tienen la menor idea de lo que ha cambiado en Cuba y quieren seguir imponiendo las normas de una Cuba que ya no existe. Por lo pronto deberían darse cuenta de la clase de mierda que nos legaron.

—Tú y éste, contesta indignado el viejo señalando al marielito, son de los que no quisieron darse cuenta de la realidad y cantaron hasta ayer ¡Cuba sí, yankees no! ' y ahora quieren que los que estamos en la trinchera desde hace treinta años les rindamos honores y les cedamos las riendas del exilio histórico.

—¿Y qué es el exilio histórico? —pregunta el anotador.

Tras un silencio, el de sesenta responde:

—El exilio histórico lo forman los que llegaron en la década de los sesenta.

—Esa premisa es absurda —señala el marielito— los que se quedaron luchando dentro de Cuba tienen igual o tanto más mérito que los que se fueron antes.

—Sí, rezonga el viejo—, los que tardaron toda su vida en darse cuenta de que Fidel era comunista.

—Efectivamente— añade con sorna el joven— yo cometí el crimen de no darme cuenta en el vientre de mi madre de que afuera reinaba el comunismo. Lo honrado hubiera sido pedirle a mi madre que me abortara, para unirme al exilio celestial.

—Pero bueno—, comenta un tanto azorado el periodista. —Seguramente que todos ustedes creen en la democracia y anhelan la unidad del exilio.

De pronto, se oye de nuevo la voz de Fidel gritando: "¡Contra un pueblo unido y apoyado por el glorioso ejército de la Revolución, nada pueden los imperialistas ni gusanos de Miami!"

Hay un silencio. El más viejo dice:

—Nosotros estamos por la unión de todos los cubanos. Ahora mismo hemos convocado un mitin para promoverla.

—¿Y han invitado a todos los sectores del exilio? —demanda el periodista.

—No, nada más que a las organizaciones que nos son afines, pero por algo hay que empezar.

—Nuestro grupo —añade el de sesenta— ha publicado una proclama pidiéndoles a todos los cubanos que se unan a nosotros contra el enemigo común.

—Nosotros criticamos todas las discrepancias— expuso el marielito.

—Yo nada más me reúno con los de mi generación, afirmó el más joven, todo el exilio anquilosado no me interesa un pepino.

—¿Y ustedes no piensan en Martí? —preguntó el periodista.

—El Apóstol dijo "La Patria es Ara y no pedestal", citó orgullosamente el más viejo.

—Martí escribió, "para Cuba que sufre, la primera palabra" expresó con voz engolada el de sesenta.

—Muchos crímenes se cometen en nombre de Martí —murmuró el marielito.

—Martí puso su confianza en los pinos nuevos— afirmó desafiante el más joven.

Y los cuatro se fueron despacio en direcciones diferentes, sin mirar a los otros.

Atrás se oyó de nuevo la voz tonante "¡Martí está con nosotros!... ¡Ni un paso atrás!.. Aquí morirán todos los cubanos defendiendo el ideal martiano!"

Y, lentamente, como un manto de vergüenza, cae el telón sobre el escenario desierto y desolado.

El sometimiento de las masas

¡Evita!, ¡Evita!.. la escena era impresionante. Reforzada por la magia audiovisual de Hollywood, la pantalla trepidaba con ese nombre transformado en grito por una multitud de hombres y mujeres que, con rostros transfigurados, ondeaban incansables banderas. A los lejos, en un balcón palaciego, una figura femenina vestida de blanco alzaba los brazos en gesto de ruego o de agradecimiento.

Mentalmente, me sustraje de la película, y me hundí pesarosamente en el recuerdo de ese masivo clamor cuyos ecos me llegaban desde el fondo de la historia. La imagen de los rostros cambia, los idiomas varían, las épocas son distintas, pero la euforia del sometimiento sigue siendo la misma. ¡Ave César!, coreaban los antiguos romanos; ¡Vive l'Empereur!, saludaban entusiasmado los franceses; ¡Heil Hitler!, rugían los alemanes; ¡Fidel, Fidel! vocearon los cubanos.

¿Cómo es posible explicar eso?, ¿Cómo el mismo fenómeno, cuyos desastrosos resultados son bien conocidos puede repetirse una y otra, y otra vez? Antes de apuntar una respuesta a esa última pregunta conviene desembarazarse de una idea, encasquillada en una frase bien conocida "quienes no conocen el pasado están condenados a repetirlo". La frase ha sido atribuida a Jorge Santayana, ese gran poeta y pensador español, tan ignorado en el mundo hispano, quien vivió en los Estados Unidos y murió en Roma. Pero yo abrigo grandes dudas de que un filósofo tan serio como Santayana haya escrito una tan inefable tontería.

Una mera ojeada a la historia demuestra la invalidez de la frase. Los individuos como los pueblos se pasan la vida repitiendo los errores de un pasado que conocen bien. Por eso retornan las guerras a los mismos campos de batalla, los pecadores caen cien veces en la misma tentación y siempre hay quien quiere desafiar al destino arriesgándose a hacer lo que bien sabe peligroso. Lo cual parece justificar aquello de que el hombre es el único animal que tropieza dos veces con la misma piedra, o la pesimista conclusión de Hegel, radicalmente opuesta al pensamiento de Santayana, de que "la única lección de la historia es que nadie aprende las lecciones de la historia".

Ahora bien, eliminar la ignorancia del pasado como causa del sometimiento colectivo ante una figura "carismática", no basta para esbozar una respuesta a la pregunta ¿Por qué Hitler, por qué Evita, por qué Castro?. Aclaro de inmediato que ni remotamente pretendo poner a Evita o a Castro al mismo nivel que Hitler. Las diferencias son hondas y bien conocidas, pero se trata de fijarse no en los líderes sino en la reacción colectiva ante ese tipo de liderazgo.

Saltando por sobre la inmensa complejidad de la conducta humana, un principio de respuesta obliga a destacar cuatro factores que condicionan la emergencia de un líder "carismático". Uno es una crisis de autoridad, una sensación de que el régimen que está en el poder no sabe ni puede garantizar la seguridad colectiva. Dos, un ascenso en el índice de resentimiento que cargan todos los seres humanos y que nos inclina a aplaudir a los "ángeles vengadores" que vienen a castigar a los ricos y a los poderosos. El resentimiento se convierte en éxtasis cuando puede aplastar todo lo que envidia y odia en nombre de una causa noble. Tres, el anhelo de tener fe en algo o en alguien que nos libere de la enorme responsabilidad de decidir. Cuarto, la intoxicación que produce el sentirse en medio de una multitud enfebrecida que aúlla su respaldo al proceso de cambio. En palabras de Hitler "la misión de los actos masivos es hacer que el gusano individual se sienta parte de un poderoso dragón".

No pretendo decir que esos factores lo explican todo. En la historia es casi imposible diagnosticar las causas que produjeron un evento importante. Pero al menos podemos destacar que los cuatro factores enumerados, estaban presentes en la república romana del siglo anterior a Cristo, en la Alemania de la república de Weimar, en la Italia de 1920, en la Argentina de 1943, y en la Cuba de 1958, cuando Fulgencio Batista se tambaleaba en el poder.

Durante la primera mitad del siglo XX, el primer factor, el resquebrajamiento del poder civil, solía abrirle el camino al golpe militar. Pero esos gobiernos se apoyaban en la fuerza, no en la popularidad. Perón fue el primer militar que intentó ampliar la base de su poder alentando la popularidad de su figura entre los "descamisados". Mucho lo ayudó Evita en tal empresa. Pero el final fue el mismo. Perón terminó arruinando a la Argentina y escapándose hacia España en 1955.

Su vuelta al poder en 1973 por una mayoría de votos no tiene trascendencia. Para entonces los argentinos soñaban con convertir un recuerdo en una esperanza. Perón los hubiera defraudado. La muerte lo libró de un último fracaso.

Pero la imagen de las multitudes gritando su nombre, clavó hondo en el continente. Cuatro años después que Perón fuera obligado a abandonar el poder, otro "ángel vengador", descendió de las montañas cubanas ocultando tras sus gestos de libertador funestas intenciones. El pueblo lo saludó frenéticamente. El ciclo comenzaba de nuevo. "¡Esto que la patria no sea un cuartel se le debe a un hombre, se llama Fidel!" ardieron las gargantas. Unos años más tarde Cuba era un cuartel en ruinas. La historia no nos había enseñado nada.

El látigo y el hábito

Ha asomado en algunos sectores del mundo occidental un cierto azoramiento y alarma ante el apoyo popular que han recibido algunos ex comunistas en países donde, como en Polonia, Rusia, y Rumania, el sistema comunista había dejado sentir su puño de hierro y había sido derribado por la voluntad popular. Aun en Alemania, la Alemania de la reconstrucción, hay sectores de la población oriental que resisten y critican la integración al sistema democrático y parecen añorar la dureza del régimen marxista.

El fenómeno es, sin embargo, relativamente fácil de explicar. El poder totalitario, nazi o comunista, se basaba en dos esenciales resortes: el látigo y el hábito. Látigo para todo el que disintiera o se opusiera; el hábito para inyectar en los que se conformaran una cierta sensación de resignada seguridad. "Cumple tu deber, sin protestas ni iniciativas", aseguraba el régimen, "y yo te prometo un puesto en la calmada estructura del estado".

Poco a poco, a medida que la dictadura afirmaba sus tuercas, el látigo requería menos despliegue. No desaparecía, pero requeriría menos despliegue. Tal es una terrible y paradójica lección histórica de la represión: llega un momento en que el aparato del terror ha funcionado tan eficazmente que, al cabo de un tiempo, la mera noción de que está ahí acechando en los rincones basta para estrangular la voluntad de protestar.

En el siglo XVIII, el Siglo de las Luces, la Inquisición no quemó a nadie en España. Como afirma Julián Marías, ya no tenía que hacerlo, sus hogueras habían dejado tal recuerdo traumático en España que el mero nombre de la Inquisición apretaba los labios y silenciaba las críticas.

Uno de los resultados de esa resignación colectiva ante la vida "tolerable" de la dictadura, de ese convertir la existencia en un perpetuo escurrirse por los vericuetos de la supervivencia, fue el crecimiento incesante de una burocracia parásita e inerte que terminó por ahogar los últimos alientos creadores de la sociedad. Todo el que tenía atisbos de un futuro mejor, o abrevaba fecundas energías de progreso, o planteaba iniciativas era relegado paulatinamente a la inmovilidad. En la Unión Soviética, la parálisis terminó por producir un *rigor mortis* del imperio. En Cuba, la inercia se ha difundido a todos los órganos vitales del régimen. Como en otros países, en Cuba esa dominación estatal se basa en una terrible trilogía: hambre, miedo y resignación.

Por esas lamentables razones a pesar de los cánticos de gloria y de las resonantes campanas celebrantes, el viento de la libertad que cruza sobre una nación largamente esclavizada no es inhalado con igual euforia por todos los pulmones. Los grupos sin iniciativas ni energías, los que se han acostumbrado a que el Estado les proporcione una mísera cuota de supervivencia, los burócratas que disfrutaban de un mendrugo de poder, se movilizan para alzar el recuerdo de la época "dorada" cuando un menguado esfuerzo alcanzaba para llegar a las exhaustas ubres del Estado.

A tales encogidos y sobrecogidos mortales no les tocó nunca la represión, sus sumisos espinazos jamás irguieron su presencia ante la silbante órbita del látigo. Para ellos el hábito era la vida y todo cambio brindaba estremecedores temores. No se merecieron nunca, al decir de Porfirio Barba Jacob, ni un honor supremo ni una suprema ignominia.

Esos son los que forman la mayoría de los que ahora, cuando no hay represión ni castigo y pueden asomar su miedo sin miedo, aúnan sus indignados gemidos para protestar .de las escaseces, la inseguridad, y los problemas de la democracia. Y sacan de las memorias de ultratumba de Dostoyevsky los iconos totalitarios. Y desfilan, sin riesgo, clamando por el látigo que sobre otros caía pero que a ellos les proporcionaba la oscura cobertura de sus escondrijos.

Sobre ellos, y para ellos, ésos que se pasan la vida añorando a un amo que imponga orden, para los que odian o temen a la libertad porque saca a la luz su incurable mediocridad, para los que se silencian en inclinadas reverencias ante el tirano y luego usan la libertad de otras costas para defender lo que el tirano hace, y señalar los problemas y riesgos por los que atraviesa toda sociedad libre, escribió Terencio su famosa y lacerante frase de desprecio: "Más prefiero la libertad, con todos sus peligros, que la sombría calma de la esclavitud".

La tentación de creer en el infierno

> *"Porque para el árbol hay esperanza; cortado reverdece y echa nuevos retoños... pero el hombre en muriendo, se acabó... una vez que se acuesta no se levantará jamás".*
>
> Job 14: 7-12

Pocos grupos humanos han aceptado esa terrible sentencia de Job. En casi todos los mortales alienta una flamígera esperanza de que la tumba no es el final de todo, que algo persiste y sobrevive a la muerte. Y que ese algo va a enfrentarse a un mundo mejor, o peor, de acuerdo con su actuación en esta vida. "No hay justicia", clamaba Senancour, "si no hay premio o castigo más allá de la existencia".

La idea del infierno nace, al menos parcialmente, de esa humana sed de justicia, o de venganza. Frente a la maldad impune, frente a individuos que han exterminado, saqueado o torturado a una o a miles de personas inocentes, es difícil aceptar que su muerte, aunque sea agónica y dolorosa, signifique el final de todo. Hay algo en los humanos que se rebela contra esa evasión física y demanda castigos infinitamente más severos. De ahí la peculiar satisfacción, y la general acogida, que crean y encuentran los escritores religiosos que describen los tormentos de los pecadores.

En el llamado Apocalipsis de Pedro, (no fue San Juan en Patmos el único que escribió sobre esas visiones) uno de los más populares libros de la cristiandad primitiva, cuya influencia en la obra del Dante es evidente, la descripción de las penas son gráficamente detalladas. En el infierno, las mujeres adúlteras cuelgan de sus cabellos sobre ollas hirvientes; los adúlteros se asfixian en olas de fango; los niños abortados lanzan rayos que queman los ojos de las madres; los usureros ruedan sobre cilindros llenos de púas... Y cada vez que algún condenado clama por la piedad divina, el ángel Tarturuchus (el guardián del Tártarus) le duplica el sufrimiento. En los mosaicos del Juicio Final, en Torcello, Italia, de la propia aureola de Jesucristo surgen rayos que fulminan a todos y cada uno de los condenados al Infierno.

Tal funesta y rechazable evocación me ha estremecido más de una vez en la vida, pero por razones que ignoro, la asocio con la muerte pacífica de un criminal que llegó a simbolizar para mí la injusta escapada de algunos de esos monstruos contemporáneos. A pesar de mis grandes dudas sobre la existencia de un infierno espantoso y eterno, y de mi convicción de que el odio es malo y envenena, a veces me sorprendo pensando en Tarturuchus y sus castigos.

El sujeto que simboliza mi odio contra los que cometen crímenes monstruosos, cuyo nombre ha reaparecido en libros recientes sobre los crímenes de Stalin, se llamaba Lazar Moiseyevich Kaganovich, fue la mano derecha, o la mano sombría, del bien sombrío Stalin, y fue responsable de la muerte, por hambre, tortura o fusilamiento, de más de ocho millones de seres humanos. Así, como quien no dice nada.

Frío, calculador, despótico, Kaganovich, quien laboró de zapatero, se unió a los bolcheviques en 1911, combatió en el Ejército Rojo y temprano se alineó con Stalin en su feroz lucha por el poder. En 1925 Stalin lo nombró Primer Secretario del Partido Comunista de Ucrania. En sólo dos años, de 1930 a 1932, aplicando brutalmente la brutal orden de "colectivización" dictada por Stalin, (una orden que fue debidamente aplaudida como "progresista" por muchos intelectuales del mundo occidental) Kaganovich transformó a la fértil Ucrania en un vasto campo de concentración donde se dejaba fallecer de hambre a miles de familias campesinas.

En 1936-38, durante las terribles purgas de "traidores", fue el mejor verdugo de Stalin. En recompensa su rostro fue paseado anualmente en los desfiles de la Plaza Roja de Moscú y ensalzado como un bolchevique ejemplar. En 1946 ayudó a organizar la cacería y ejecución de los guerrilleros rusos que habían luchado heroicamente contra los invasores alemanes, pero cuyo recién adquirido gusto por la libertad de acción los tornaba "sospechosos" al partido.

Cierto, más tarde, durante el período de desestalinización iniciado por Khrushchev, Kaganovich fue despojado de sus funciones y delegado a administrar una fábrica de cemento. Allí envejeció, perdió el uso de una pierna y terminó por quedarse ciego. Pero esos son achaques comunes a los años y no bastan para calmar la sed de justicia, o de venganza, que toda criminal brutalidad despierta. Kaganovich quien jamás expresó un hálito de piedad por sus víctimas, murió en 1991, a los noventa y siete años, en su cama, olvidado pero no arrepentido, balbuceando un perenne canto a Stalin, con un ejemplar de "Pravda" extendido beatíficamente sobre el pecho.

Como ocurre en tantos casos parecidos, y por mucho que se apele al perdón del cristianismo, queda flotando en el alma una sensación de insatisfecha ira. No, no es justo que los Lazar Moisevich Kaganovich que en este mundo existen mueran tan plácidamente. En algún lugar debe existir un infierno.

El bombardeo de La Habana
y el fanatismo político

Fue un día soleado, en octubre de 1959. Recorría la Habana Vieja escudriñando librerías, cuando, de pronto, trepidó la tarde con largos disparos. Corrió la gente a la calle, yo entre ellos, a tiempo para ver un avión que giraba sobre el Capitolio, emproando hacia el norte, desgajando sobre la ciudad menudas hojas que danzaban al viento. Buscándole el rumbo, como avispas iracundas, balas trazadoras de la artillería antiaérea difundían líneas de humo en el azul sin nubes. Ileso, el avión se perdió en el horizonte.

Me fui a Radiocentro a las oficinas de Radio Reloj. Los comunicados oficiales llegaban intermitentes: "a las tres de la tarde, un avión desconocido voló sobre la Habana arrojando panfletos subversivos... Se han reportado algunos heridos debido a los proyectiles antiaéreos de la Fuerza Aérea Rebelde". Súbitamente enmudecieron las máquinas. Un solo parte de prensa palpitó en los sistemas: "¡Oiga a las seis de la tarde al Comandante en Jefe que va a hablar de la incursión de un avión yanqui!". Las notas marciales del himno "26 de Julio", y la repetición "*ad infinitum*" del aviso oficial ocuparon las ondas. Había que oír a Fidel.

Como en sorda lucha habló el Líder cabal, la barba solemne, el ceño fatal. "Hoy, mientras el pueblo cubano se dedicaba a sus pacíficos menesteres, un avión criminal que llegaba del norte bombardeó la Habana, hiriendo a mujeres y niños inocentes...". La palabra "bombardeó" me irguió un pasmo. ¿Cómo podía Fidel decir

64

cosa semejante cuando la mitad de la Habana había visto caer las inofensivas hojas volátiles?. ¿Quién diablos se iba a creer tan evidente embuste?

La lógica era correcta, pero no para tiempos frenéticos.

Al día siguiente tomé un taxi para ir a no sé que gestión. El chofer, de cuyo nombre no quiero acordarme, y a quien algo conocía, me espetó de inmediato: "Profe, ¿qué le parece el criminal bombardeo de los yanquis?". Con recogida paciencia le respondí, "Ñico" (por llamarlo de alguna manera), las bombas suelen destruir edificios y abrir huecos en la tierra, ¿tu has visto algún hueco por aquí?".

"No por aquí no, Profe", me contestó firme, "pero dicen que Luyanó está medio destruido". Pudo en mí más la curiosidad filosófica que mi momentánea obligación y le dije "Ñico, vámonos a Luyanó a ver las ruinas"... Y fuimos.

Preguntamos por la huellas de las bombas y nos dijeron que habían caído en Guanabacoa. En Guanabacoa nos afirmaron que la destrucción era visible en el Vedado. En el Vedado nos aseguraron que había barrios en Marianao hecho cenizas...Y fuimos a lugares remotos y encontramos remotos rumores. Creo que más de seis horas, y una pequeña fortuna, me costó la fascinante exploración.

En el viaje de vuelta escrutaba las expresiones de Ñico y le quería adivinar los sentimientos, pero el hombre manejaba en hosco silencio.

Cuando llegamos a Radiocentro le pregunté sosegadamente. "Bueno, Ñico, ¿que piensas ahora del bombardeo de la Habana?".

El hombre se volvió hacia mí y, con la cara contraída, mordió esta frase: "Mire, las bombas parece que cayeron en la bahía y no pudieron hacer daño. Pero la intención de los yanquis era criminal. ¡Y no se los vamos a permitir!".

Abismado y aleccionado quedé con la respuesta. De nada había servido el viaje y la evidencia. La lógica de los hechos se estrellaba contra la inquebrantable irracionalidad del apasionamiento. Ñico reaccionaba como habían reaccionado y seguirán reaccionando miles de seres humanos cuando les arde la crepitante fe de Tertuliano: *"Credum qui absurdum est!"*; "¡Creo porque es absurdo!". Y me acordé de la experiencia de William Shirer quien en Berlín, en 1939, escribía un famoso Diario. Al oír a la propaganda nazi tronando contra la "criminal" Polonia que planeaba "invadir" a Alemania, el autor anotó: "Ningún alemán en su sano juicio puede creer esta burda mentira". Al día siguiente el Diario tenía un lacónico comentario. "Salí a la calle. Hablé con los alemanes. Todos han oído la propaganda. Todos la han creído.".

No había nada que hacer. Los que querían creer creían y alzaban los puños iracundos contra el enemigo yanqui. Como muchas otras veces, mi lógica y yo quedamos abrumadoramente aplastados.

La gran jugada del Gran Comandante

Al principio de la década de los 90, rodeado por las humeantes ruinas del marxismo, el Gran Comandante se sumió en graves meditaciones. Secos habían quedado los pozos de la ayuda soviética. Encorvado bajo su trabajo el pueblo susurraba protestas; demandas de cambio se asomaban aún en las huidizas miradas de sus amaestrados ayudantes y en el exterior voces amigas y enemigas se alzaban clamando por "aperturas" en el régimen.

Esos últimos clamores eran los que más irritaban al Gran Comandante. "¿Pensarán que soy imbécil?", se preguntaba, "¿cómo osan pedirme cambios cuando ellos mismos proclaman que en cuanto haya cambios el capitalismo me arrojará al basurero de la historia?".

Fecundo en ardides, el Gran Comandante diseñó entonces un plan que denominó "La Gran Jugada", y se sintió satisfecho con su genio. "Como dijo alguien" concluyó complacido, "la diferencia entre el genio y la estupidez, es que el genio tiene sus limitaciones".

El plan se debía desarrollar en tres fases. Primero había que transformar al embargo norteamericano, tan ridiculizado por la Revolución, en un bloqueo mortal que desde hacía décadas estrangulaba a Cuba. Luego había que movilizar a todas las voces de todos los voceros para que clamaran contra el embargo. Por último, y aquí el Comandante se regodeaba en su genio, el gobierno cubano demandaría constantemente que levantaran el criminal embargo mientras, simultáneamente, el propio Comandante se encargaría de hacer imposible que lo levantaran. Se libraba así él de hacer reformas y Washington sería siempre culpado de que no se hicieran reformas.

Los primeros resultados fueron espectaculares. Mientras en todas las Cumbres el Comandante alzaba los brazos como víctima propiciatoria, el coro contra el embargo adquiría dimensiones mundiales. Contra él gimieron los justos y los injustos, los santos y los pecadores, los dictadores y los demócratas, los Pastores por la Paz y las Ovejas por la Guerra.

Mientras tanto, los amigos y casi amigos que visitaban la isla con una razonable cuota de consejos y esperanzas, se quedaban estupefactos ante el desdén con el que el Gran Comandante rechazaba toda sugerencia de apertura. Y cada vez que Washington hacía un gesto para abrir negociaciones, el Comandante subía el precio de su aceptación. "La última vez que lo vi", confesaba un veterano de la política norteamericana, "creí que Castro iba a demandar que le enviaran a Hillary de mediadora".

La estrategia también funcionó en forma inesperada. La proclamada miseria del pueblo cubano incrementó la angustia del exilio. En nombre de los mejores, o de los peores sentimientos, el exilio cubano abrió sus bolsillos y dejó correr su ayuda hacia la isla hasta convertirse en el más básico y manso sostén del régimen castrista. Es un sostén que nada exige, que no interroga, que no pone condiciones, que ni siquiera, como hacen algunos líderes internacionales, pide la libertad de algún preso o alguna declaración amigable a cambio de los dólares que envía.

A pesar de todo, a pesar de tan efectivos resultados, los hechos han comenzado a erosionar el plan del gran Comandante. Como río creciente, el capitalismo se desliza bajo la inmóvil figura del Máximo Líder y llega a toda la isla enarbolando al dólar como único símbolo concreto de esperanza.

El dólar no sólo multiplica a las jineteras (las cuales también están obligadas a contribuir al estado), sino que también corrompe a los oficiales del régimen, divide en clases a la ex sociedad socialista, hace más intolerable la pobreza, incrementa la discriminación racial (pocos negros tienen parientes en el exilio) y alienta a que todo cubano busque una forma de supervivencia.

Cada "paladar" familiar, cada cubano que araña algunos dólares, cada obrero que arregla bicicletas o vende su pequeña cosecha, adquiere una cierta independencia del gobierno y siente el ansia de más ganancias y más seguridad.

Fue ese grupo con iniciativa el que obligó al Gran Comandante a legitimar lo que ya era un hecho: la dolarización de la isla. Son ellos los que, en los más bajos niveles, multiplican los pequeños negocios y, a niveles más altos, se dejan comprar por las empresas extranjeras y se hacen cómplices de uno de los aspectos más nefastos del capitalismo primitivo: la esclavización de la clase obrera.

Si el gran Comandante está dispuesto a pagar el precio del desprestigio internacional, le es posible decapitar mañana al Concilio Cubano y a otras organizaciones disidentes. Volverán a aparecer con otros nombres, pero, lamentablemente, el proceso ha de requerir tiempo.

En cambio, lo que el Gran Comandante no puede decapitar es a esa colectividad desesperada que lucha por encontrar un mejor vivir individual y familiar. Si las autoridades detienen mañana a los centenares de cubanos que hacen artesanía o amplían de alguna forma su círculo existencial, otros cien los sustituirían pasado mañana.

El proceso de cambio económico no va a esperar a que el inmóvil Comandante dicte las apropiadas órdenes. Va a seguir su curso, con desvíos y rodeos pero con una orientación definida, hasta que el régimen acepte, cambie, desaparezca o muera.

Es posible que, como ha ocurrido antes en la historia, el rey de la isla, el Gran Comandante, no se haya enterado de que todos los días el capitalismo, esa planta trepadora y formidable que yergue cien cabezas, le estrangula una parte del poder.

Pero en definitiva tampoco importa mucho. La gran jugada tuvo su genialidad momentánea, pero los hechos siguen su curso inexorable. Hoy los cubanos que cuentan a escondidas sus puñados de dólares, pueden mirar en torno y repetir en voz baja aquel viejo grito de la vieja Francia: "El rey socialista ha muerto... ¡viva el rey capitalista!"

Fidel Castro y la tentación democrática

Cuenta la leyenda que una vez los soldados de Atila, aquel huno terrible que volvía humo la yerba que pisaba y dejaba tras sí silencio y ruinas, arrastraron ante él a un individuo que, disfrazado de monje, había penetrado su campamento. "¿Por qué te disfrazaste de monje sabiendo que los mato a todos?", preguntó el bárbaro. "Quería pasar a la historia como el hombre que te convirtió al cristianismo", respondió el prisionero. Atila, quien no era hombre comprensivo, le desvinculó allí mismo la cabeza.

Con el caer de los años, me parece que Fidel Castro ha comenzado a inspirar una vocación hacia "la santidad democrática", que, aunque mucho menos peligrosa, en algo se parece a la que le costó la vida a aquel anónimo infeliz que pereció frente a Atila.

Cuando Castro, erguido e inmóvil, desafiando la lógica de los paleontólogos, cruzó la impresionante cifra de los 30 años en el poder, se empezó a convertir en una especie de tótem jurásico en un faraónico símbolo de una era socialista y adusta arrasada por el polvo de la historia.

Bajo las plantas del ídolo, miles de cubanos se debaten en la agonía de sobrevivir; todos los días, mensajeros de distantes regiones depositan a sus pies las promesas de inversiones; y en casi todas las reuniones internacionales se hace una reverente mención a la necesidad de que haya "cambios en Cuba". Pero el Faraón permanece inmutable.

Sus fieles recogen y mendigan los dólares de las ofrendas, y los simpatizantes adivinan cambios en cualquier parpadeo, pero cuando los pétreos labios de la esfinge se mueven es para repetir las viejas inscripciones grabadas en las tumbas socialistas.

Esa inaccesible resistencia al cambio redobla en ciertos humanos la histórica tentación de pasar a la historia como el misionero que logró salvar para la democracia al gran icono socialista. ¿Quién será el presidente, el ex presidente, el premier, el político, el escritor, o el osado que, disfrazado de monje (¡y hay tantos disfraces!), llegue a conmover los duros tímpanos del ídolo y lo haga dar un paso hacia la democracia? ¡Qué tentadora la gloria de ser el redentor del pueblo cubano!

Así, en diferentes ocasiones, partieron hacia La Habana cientos de ejecutivos cargados de tentaciones capitalistas; exarcas de Moscú y de Washington con ofrendas de poder; monjes que batían palmas de amor; insinuantes huríes del Medio Oriente; secretarios de la Organización de los Estados Americanos, una institución casi mística, cuya devoción al sacrificio se alimenta con las flagelaciones que le proporciona el Faraón cubano. Tras ellos han llegado españoles, canadienses, mexicanos, nepaleses y tatuados pigmeos de bosques recónditos.

Todos ellos fracasaron. La única respuesta del ídolo a ese desfile flexible que le pedía flexibilidad fue apretar aún más el granítico puño de la represión.

El fracaso de otros, sin embargo, anima a nuevos esforzados misioneros. El más reciente ejemplo de ese anheloso peregrinaje hacia la inmortalidad, de esa voluntad de vencer al pecado dictatorial con la prédica democrática lo proporcionan tres ex presidentes latinoamericanos que ya aprestan su suave dialéctica para triunfar en La Habana. Son ellos, Raúl Alfonsín, de la Argentina, Osvaldo Hurtado, del Ecuador, y Óscar Arias, de Costa Rica.

Impresionante y límpida es la comitiva. A dos de ellos los he conocido personalmente a Arias, allá en San José, en un seminario sobre la Democracia, y a Hurtado en Washington, en Georgetown, donde tuve el honor de hablar en nombre de la universidad cuando le otorgamos el título de Doctor Honoris Causa.

Pero me temo que un ilustre pasado democrático no basta para impresionar a la Esfinge Castrista. Me temo que todas las invocaciones a la libertad, que todas las apelaciones al cambio democrático han de seguir siendo ecos vacíos en los vacíos vericuetos de los oídos faraónicos.

Me lo temo, porque creo que tanto nosotros como el Faraón caribeño que domina a Cuba, conocemos el secreto de su inmovilidad. Que él, como nosotros, sabe que las piernas de piedra y los brazos de granito, no pueden tolerar el más pequeño movimiento. La vieja estatua no puede avanzar ni retroceder. El más leve gesto la resquebrajaría y daría con ella en el polvo. Por eso la estatua sólo teme a los que tratan de convencer a sus seguidores y desdeña a los que tratan de convencerlo a él.

A él ni la más exquisita tentación de cambio le puede hacer efecto. Hace rato que el camino de la salvación democrática le está vedado. Frente al coro de suplicantes, la esfinge de piedra esconde su único secreto: su supervivencia depende de su inmovilidad.

Tiempo de reír

Videntem dicere verum quid vetat?
¿Quién me impide decir la verdad riéndome?

Horacio

La "History" de Cuba

Tenía yo un alumno de ascendencia cubana, avispado y notable, que tuvo a bien mandarme un trabajo sobre Cuba escrito por su hermano menor, quien aún no había llegado a las tramoyas del "high school".

Parece ser que el pobre muchacho quería aprender historia de Cuba y entre lo que le enseñaban en el colegio, lo que le contaban sus padres, y las enfurecidas aclaraciones de su abuelo, las cuales él apenas entendía porque más habla inglés que cubano, se le hizo tal confusión en la mente que decidió despejarla poniendo por escrito lo que había aprendido.

He aquí el texto de su "paper".

"Cuba is an island descubierta por Columbus quien vino con una "niña" pintada y una santa llamada María. El viaje se lo pagó con algunas "jewels", la reina de Spain. En la isla los "spaniards" aprendieron a hacer una "beer" que se llamaba "Hatuey", en recuerdo de un indio que prendía hogueras. For many centurias, los spaniards ocuparon la isla y la explotaron con tabaco y azúcar. Para que ayudaran en la explotación del azúcar, los spaniards trajeron esclavos africanos, quienes inventaron la rumba y el vudú.

Los cubanos no querían a los spaniards ni a sus explotaciones y comenzaron a planear rebeliones. Los cubanos en esa época se llamaban "mambises" y eran muy marcianos porque seguían las ideas de un gran leader que se llamaba José Marcí. Los cubanos quemaron un town llamado Bayamo y, por razones que no logré averiguar, esta vez los spaniards no pudieron apagar el fuego. Después de muchas luchas, los Americans decidieron intervenir y mandaron a la Habana un warship que se llamaba Maine. Los spaniards, que eran muy explotadores, explotaron al Maine y los Americans les declararon la guerra. Los Americans ganaron, ocuparon the island y obligaron a los mambises a comer un plato sureño que se llamaba "La Ensalada Platt".

El primer presidente de la república parece que llegó por una estrada y se encaramó en una palma. Era un hombre honest, pero no muy tough, y cuando hubo otra rebelión se bajó de la palma y llamó a los Americans. After todas esas luchas Cuba se hizo "free" y comenzó a progresar. En 1934, los Americans y los cubanos se pusieron de acuerdo para abolir la Ensalada Platt y dejar que cada cual comiera lo que quisiera. Los cubanos enseguida inventaron el "chicharrón" y el "sandwich" y se sintieron muy happy. Pero había muchos "political problems", sobre todo con un sargento llamado Batista, que quería ser general, y a quien un presidente Santo de apellido Martín y otro llamado Prío, y un líder muy popular "Chivas", no sé si Regal, no querían dejar que fuera general. En 1952 Batista le dio un golpe al estado y Fidel Castro atacó a un tipo que se llamaba Moncada. Luego Fidel se fue a México y, según afirma mi abuelo, se unió a un atorrante argentino, se armó con una sierra y se fue con una maestra a hacer "guerrilla warfare". Muchos cubanos, y algunos mambises que todavía quedaban, lo ayudaron, but muchos otros cubanos, entre ellos mi abuelo, no se dejaron engañar y desde el principio supieron que Fidel era un "commie". Entonces Batista se fue y Castro dijo que era verdad que él era comunista, le quitó todo a todo el mundo, trajo Soviet missiles, e impuso en Cuba un real "dictatorship". Muchos cubanos se escaparon para el Norte y fundaron la Florida y Miami. Otros se fueron a Puerto Rico y España. But many se tuvieron que quedar. Hoy en día los cubanos están muy poor y quieren que Castro se vaya, pero Castro ha dicho que no deal y que se queda.

Todo esto ocurrió hace muchos años pero, como dice mi abuelo, el que no aprende lo que pasó before no puede saber lo que está pasando now.

Todo se debió a un libro

Hace corto tiempo, y por mera casualidad, descubrí la existencia de un curioso libro que había incitado a un grupo cubano a rechazar al sistema que rige en Cuba. Los autores del libro ni eran políticos ni tenían la más remota intención de provocar disturbios, pero como todo lo que anima a subvertir a un régimen es revolucionario, como revolucionario a tal libro clasifico.

La insólita historia me la brindó un joven mecánico cubano que apenas dos años llevaba en el exilio.

Cuando le pregunté cómo y cuándo un hombre crecido bajo la totalitaria sombra del castrismo se había decidido a romper con el régimen, el muchacho me contestó con una enigmática frase.

"Todo se debió a un libro".

Confieso que me complació la respuesta. Como humanista que me considero, me halagaba la idea de que, por una vez, hubiera sido un libro, y no el usual agobio económico, el que hubiera promovido un repudio al castrismo. A pesar de mis dudas sobre su certidumbre, pensé que pudiera ser válida esa tesis, tan grata a los escritores, que afirma el poder revolucionario de la pluma.

Ávidamente le pregunté cuál libro le había incendiado la conciencia.

Con ese innato amor de los cubanos al rodeo expositorio, el muchacho comenzó con una digresión. "Yo crecí en un pueblo pequeño en Pinar del Río y por mucho tiempo acepté lo que me enseñaban sobre lo mala que era la vida en Cuba antes de Fidel, las

80

explotaciones del capitalismo y la superioridad técnica y moral de la revolución socialista... No se olvide de que me refiero al final de la década de los 80, cuando yo arribaba a los 19 años y en Cuba no se sabía bien lo que estaba ocurriendo en la Unión Soviética".

"Un grupo de amigos habíamos formado un pequeño círculo de estudio que, bajo el pretexto de discutir tesis marxistas, lo que hacíamos era comentar noticias sobre lo que ocurría en Cuba y en el mundo, celebrar la música de rock y compartir esperanzas de futuro. Todos nos inclinábamos a la electrónica, pero mi vocación era la mecánica".

"Estábamos conscientes de que cada día había menos utensilios de trabajo y piezas de repuesto, de lo difícil que era reparar un carro, instalar un motor o adaptar un televisor, pero sinceramente, aunque teníamos dudas, pensábamos que era una crisis pasajera y que el gran líder daría con la solución. Cuba, nos repetían, seguía siendo vanguardia del mundo".

"Fue entonces que en una gaveta vieja en mi casa encontré el libro que me abrió los ojos".

El muchacho hizo pausa como esperando un comentario. Pero, ahogando mi impaciencia, no caí en la tentación de provocarle otra digresión.

"Al día siguiente llevé el libro a mi grupo y lo estudiamos en detalle, página por página y sección por sección. El asombro nos pasmó los comentarios. Le juro que al final, cuando lo habíamos repasado cien veces, nos quedamos en silencio, tratando de asimilar lo que habíamos visto. Al cabo, nunca me olvidaré de esto, el jefe del grupo se puso de pie, dejó caer el libro sobre la mesa y dijo: ¡Compañeros, esta revolución es una mierda! Y cabizbajos nos disolvimos".

"Ese mismo día resolví irme de Cuba. Me tomó dos años, pero lo logré. Hoy, casi todos los miembros del grupo están ya en el exilio".

¿Pero de qué libro se trataba?, le pregunté exasperado.

El muchacho me miró, hizo una sonriente pausa para saborear la respuesta, y me dijo:

"Era un catálogo de Sears".

Tras dos segundos de asombro prorrumpí en una carcajada comprensiva. ¡La soberana pedantería de los intelectuales! El libro devastador no era, como me había imaginado, de George Orwell, de Milovan Djilas o de Arthur Koestler; no ofrecía una profunda crítica de la dialéctica marxista, ni una refutación al Che Guevara. El libro simplemente le brindó a esos muchachos una visión panorámica de la exuberancia material que ofrece el capitalismo. Y ese destello, más iluminador que un argumento filosófico, fue suficiente para mostrarles la enorme mentira que los tenía abrumados y asfixiados.

¡Qué magnífica ironía! Un mudo catálogo había barrido a la elocuente dialéctica. ¡La revolución dogmática perdía ante la revolución de la práctica! ¡Sears le ganaba a Carlos Marx!

Viéndome reír, y como para más disfrutar su victoria, mi joven amigo me llevó en su carro a tomar un café cubano en el Oasis.

Hermenegildo y la historia de Cuba

No sé cuál científico alemán, los únicos que a tales exploraciones se dedican, descubrió, no ha mucho, que al 95 por ciento de las personas no les agrada el nombre que, en un supremo momento de ternura, les encasillaron sus padres. A mí, que no soy ni alemán ni científico, tal resultado me parece correcto. Después de todo el nombre es la primera imposición que nos hace el mundo apenas nos desprenden del vientre materno. Y ese teórico homenaje que nuestra familia le rinde a alguien, a quién probablemente nunca vamos a conocer, va a ser nuestra primera y última definición existencial.

Pocas veces, como más tarde veremos, esa condena bautismal hace ligera la marcha hacia el futuro que emprendemos de niños, pero la mayor parte de las veces el nombre pesa a lo largo de la jornada. Llamar a un infante Napoleón, por ejemplo, un nombre que conjura destinos imperiales, campañas olímpicas y nieves de Rusia, sabiendo que en la retaguardia de ese nombre marcha un apellido modesto como Pérez, es colgar en el cuello de ese niño la sombra de Waterloo.

Adelanto de inmediato, para no suscitar iras, que estoy hablando de nombres y no de quienes los disfrutan o sufren, y que a mí no sólo no me gusta mi nombre sino que tengo en baja estima a los Luises. El nombre de Luis, viene del alemán Ludwig, que significa algo así como "hombre de lanza" u "hombre de guerra". Lo cual es bien contradictorio porque, en general, los Luises son tipos pacíficos y calmados. No conozco ningún gran guerrero que se llame Luis, pero en cambio sí recuerdo una impresionante lista de reyes de Francia llamados Luises que, sobre todo el XV y el XVI, precipitaron la revolución francesa. Lo cual me lleva a anotar, de pasada, que las dos grandes revoluciones de la época moderna, la francesa y la rusa, se desbandaron frente a la debilidad de dos monarcas dominados por sus respectivas esposas: Luis XVI y Nicolás II. No creo que el dato tenga mucha validez sociológica, pero me parece interesante.

Esa regla de que los nombres destellantes crean un compromiso con la historia rige para los dos sexos. Llamarle a una niña Cleopatra o Afrodita implica ciertos riesgos interpretativos y provoca silenciosas valoraciones sobre las mujeres que tales patronímicos llevan. Pero creo que entre los hombres reina más esa tendencia a sentenciar a los hijos a la grandeza mediante nombres refulgentes, o a buscar la originalidad en nombres tan insólitos que llaman la atención. Tal es el caso de Segismundo, Roderico, Tacoronte, o Sinforoso. Nombres que lo mismo apuntan al Walhala germánico que al delicioso escándalo de un solar habanero.

Pero en esa escala de nombres que pudieran llamar la atención, mi favorito es Hermenegildo. Hermenegildo es un nombre surrealista que debe estar cargado de sigilosas significaciones, desde el Hermes griego hasta los "gildes" medioevales, pero, por razones que desconozco, acaso porque no conozco a ninguno personalmente, a mí el nombre me genera inmediata y cálida simpatía. Es como si intuyera que nadie que se llame Hermenegildo puede llegar a ser una mala persona. Y como no conozco ni a héroe famoso ni a bandido notable que haya hecho restallar el nombre Hermenegildo, me siento confirmado en mi intuición.

Porque hay una dimensión histórica en todo este proceso de los nombres. El gran déspota barbudo que oprime a Cuba, tuvo la inmensa fortuna inicial de que lo llamaran Fidel. Ese nombre, breve y preciso, respira aires de Fe, Fidelidad, Fantasía, y se adhiere fácilmente a las más livianas rimas. "¡Fidel, qué tiene Fidel, que los americanos no pueden con él". Tan atractivo es el vocablo que Fidel es el único dictador en la historia a quien se le conoce por su primer nombre.

Nadie dice "Adolfo" pare referirse a Hitler, u "Omar" para hablar de Jadafy. En cambio, a Castro se le llama en Cuba y fuera de Cuba "Fidel". En este caso, el nombre le proporcionó al hombre una aureola positiva que él supo aprovechar desde temprano. Lo cual me lleva de nuevo a la importancia y el peso de los nombres.

Supongamos que Fidel se hubiera llamado Hermenegildo. Volvamos a 1960 e imaginemos a un *stadium* lleno de cubanos gritando: "¡Fidel, qué tiene Fidel, que los americanos no pueden con él!", y que, de pronto, los altoparlantes anuncien: "¡Cubanos, nuestro Líder se llama Hermenegildo!"... ¡Qué silencio de pasmo hubiera descendido sobre la muchedumbre! ¡Qué escarbar de poetas en los flancos de sus escuálidas Musas buscando desesperadamente una rima! ¿Cómo conciliar la ambición continental con las plácidas alas de Hermenegildo Castro?

¡Ah!, si aquel tremendo día de agosto de 1926 cuando el sacerdote se dirigió a Doña Lina Ruz para preguntarle qué nombre le iban a poner al bebito rojo, llorón y pataleante que le aproximaban, la señora hubiera tenido una intuición de futuro y hubiera musitado: "¡Hermenegildo!", ¡qué salto en la historia, qué diferencia en el existir de todos nosotros! Qué sosegado hubiera sido el devenir de Cuba si en Birán hubiera nacido un Castro refrenado por el nombre Hermenegildo.

Una curiosa rebelión en Quisqueya

Llevamos los hispanos perennemente alzado en el alma un pendón de rebeldía contra la autoridad. Mande quien mande, el símbolo del poder oficial nos incita al desafío. El hispano suele sentir un especial deleite, o una distensión del ego, cuando se inserta en una cola, se estaciona donde no debe, o infringe un reglamento.

El símbolo de autoridad, cualquiera que sea, una luz roja o un letrero admonitorio, que en otros pueblos suscitan general obediencia, provoca entre nosotros abierta o reprimida rebeldía. Sólo una brutal dictadura apaga temporalmente esa anárquica tendencia.

En México un avisado dueño de un restaurante, cuyo negocio no andaba de plácemes, lo tornó próspero con una ingeniosa maniobra: rodeó el edificio con amenazantes letreros prohibiendo el estacionamiento de carros. Su negocio saltó al éxito, sus clientes disfrutaban simultáneamente la comida y la sensación de estar haciendo lo que se suponía que no hicieran. Con razón decía Ángel Ganivet que el sueño de todo español es andar armado con una tarjeta que diga "el portador de la presente está autorizado a hacer lo que le dé la gana".

La teoría se me hizo acción no hace mucho, durante un vuelo de Caracas a Santo Domingo. Como no pertenezco a ese grupo de seres inefables que disfrutan el tránsito aéreo, requiero ínclitos esfuerzos para mantener los nervios sosegados antes del siempre estremecedor despegue. Estaba ya sentado en el avión, con mi cinturón abrochado y el ánimo escabroso, esperando el inicio del viaje, cuando una señora gorda de gesto imperioso depositó a mi lado un enorme televisor que en Caracas había adquirido.

Veterano de correrías aéreas sabía yo que tal cosa no estaba permitida. Iba a hacerle una cortés insinuación sobre el tema a la señora, pero una mirada neroniana de la dama me convenció de que era más prudente guardar cristiano silencio.

A poco vino la azafata y mesuradamente le explicó a la señora que las regulaciones prohibían que su televisor viajara en el asiento, y que el aparato constituía un peligro para los pasajeros en caso de turbonadas y saltos. La señora frunció el ceño y anunció con voz tajante que ella había pagado su pasaje, que el televisor era suyo y que allí junto a ella se quedaba. Arguyó la azafata se alteró más la señora, y los pasajeros comenzaron a prestar atención a la discusión.

Iba yo a interceder en favor de la azafata, de cuyo lado estaban la ley, el sentido común, y mi seguridad, cuando descubrí, con súbita sorpresa que la mayoría de los pasajeros se habían declarado abiertamente en favor de la gorda rebelde. Gritos de "Señora, no se deje" y murmullos de crítica contra las abusadoras compañías de aviación, me convencieron de que era más prudente mantenerme neutral.

Zarandeada por el clamor colectivo, la azafata se fue a la cabina y trajo al copiloto a razonar con la corpulenta dama, quien a mis ojos había adquirido las dimensiones del Peñón de Gibraltar. La aparición del copiloto no hizo más que incrementar la rebeldía colectiva. Su uniforme y su autoridad fueron clamorosamente rechazados. El copiloto, tan desconcertado como yo, tuvo entonces una idea genial: llevar el televisor en la cabina de mando. Y así partieron, en fila india, el copiloto con el televisor, la amoscada azafata y Nerona.

Al cabo de unos minutos reapareció la gorda sola, miró a sus expectantes partidarios, y entrelazó las manos sobre la cabeza en clásico gesto de victoria. Mientras irrumpían aclamaciones, Nerona me dirigió una mirada triunfal y se posesionó de su asiento. Resonaron canciones dominicanas y se destaparon botellas de ron. En medio de la triunfante revolución, el piloto anuncio el despegue. Al poco tiempo el avión rugía en la noche rumbo a Quisqueya.

Aprovechando un momento de calma, le rogué a la azafata que me trajera un Martini. La gorda interpuso un gesto de rechazo, hurgó en un bolso enorme, abrió una botella de ron dominicano y me ofreció un trago. La azafata y yo comprendimos la inutilidad de iniciar otra batalla. Como tantos oportunistas, me sumé a la celebración de la victoria revolucionaria. La dama, quien resultó bien amable, y yo, terminamos brindando por Quisqueya, por la América Latina y por la feliz llegada.

Mientras los pasajeros cantaban alegremente tonadas de su bella y feraz tierra, yo, filosóficamente reconciliado con la situación. me quedé meditando sobre aquella aguda observación de Hermann Keyserling sobre cómo los pueblos hispanos han superado la radical oposición que hay entre los vocablos "tradición" y "revolución": para volverse "tradicionalmente revolucionarios".

El simbolismo del *martini*

E l avión saltaba con mi miedo adentro. Sagaz y comprensiva, la azafata se inclinó sonriente y me preguntó si quería tomar algo. "Un martini" le susurré. Al oírme, mi vecino de asiento, quien tenía la impasibilidad de un caballero inglés, me comentó.

"Usted debe ser una persona civilizada".

Asentí desviadamente al enigmático elogio. En ese momento, civilización significaba para mí un sosegado aterrizaje.

"Es curioso", continuó mi vecino, "que según un articulista del Washington Post, Tony Korshener, la economía de Washington D.C. está tan quebrantada que la única moneda que circula en la ciudad es el peso mexicano. Y, sin embargo, el propio periódico da cuenta de que el "martini" se ha vuelto el trago más popular en toda la ciudad".

"¿Que tiene eso de curioso?", me animé a preguntarle mientras escrutaba ansiosamente el pasillo en espera de la azafata.

"En realidad nada" me respondió filosóficamente, "En realidad es lo más natural del mundo. El *martini* es la bebida perfecta para épocas de decadencia. Creado a fines del siglo XIX, cuando se le llamaba *Martínez*, se popularizó en la década de los treinta, cuando vivíamos bajo la sombra de la Depresión. El *martini* era el último consuelo de los banqueros arruinados que se desfenestraban sobre las aceras de Wall Street. Y hoy, cuando vivimos bajo la sombra de Kato, Ito, Madonna, y todo el teatro del juicio de O.J. Simpson, es muy lógico que sea el último consuelo de los civilizados".

El fascinante monólogo no me calmó lo suficiente como para insertar comentarios.

"La relación entre la bebida y el carácter de los pueblos debería ser mejor conocida" reflexionó el ciudadano, "Mientras los romanos tomaron los fuertes vinos de Toscana fueron invencibles, cuando comenzaron a probar los dulces viñedos de la Galias se debilitaron y fueron arrasados por los bárbaros. El imperio inglés duró mucho más porque los británicos, como los vikingos, no tenían vino y estaban obligados a ingerir bebidas fuertes".

Para entonces, la azafata me había traído mi *martini*, el avión saltaba menos y un calor interior me inclinaba al diálogo.

"¿Y los rusos?", le pregunté a mi vecino. El individuo no pareció escucharme.

"Es posible que los bebedores terminen por proyectar el carácter de la bebida que consumen. El tequila, por ejemplo, es una bebida revolucionaria y violenta, que conjura imágenes de galopes, corridos y disparos. El champán, en cambio, es una bebida aristocrática y civilizada que se disfruta verdaderamente cuando la cortesía ha sido restablecida y la violencia se ha reducido a esas burbujas radiantes que pasmaron a aquel benemérito monje de Perignon."

El señor me miró de pronto como si me viera por primera vez y añadió.

"Ustedes mismos, los cubanos —el tipo es un genio, pensé, ¿como descifró mi acento?—, no pueden tomar hoy un *Cuba Libre*. Los exiliados no tienen a Cuba y los de Cuba no son libres. Por eso tienen que limitarse a pedir Bacardí con Coca Cola. Lo cual demuestra" añadió con súbita risa, "que Fidel Castro es el peor "bartender" del mundo, ¡en treinta y ocho años no ha logrado hacer un "Cuba Libre!".

Esperé a que su risa se desvaneciera sobre mi placidez antes de reiterarle, con una vengativa insistencia, "los rusos toman vodka y su imperio duró poco".

"Eso ocurrió mi amigo", señaló el *gentleman*, "porque el socialismo es un duro fracaso. Durante la Segunda Guerra Mundial, los alemanes se sorprendían ante la resistencia de los soldados rusos. Después de la victoria, para ahorrar rublos, Stalin comenzó a adulterar al vodka y a diluirlo con turbios elementos. En tres décadas, los más inteligentes soviéticos se habían convertido en zombis. Por esas razones Mao Ze Zung rompió con Moscú. Para 1990 los generales soviéticos no eran ya capaces ni de organizar un simple golpe militar".

"Pero, ¿cuál es el simbolismo del *martini*?", le pregunté con amigable ironía, "¿hay algo más en una bebida asociada con James Bond y su famoso *shaken not stir*?".

"Amigo", me respondió el vecino, "No subestime a Ian Fleming. James Bond fue el último *gentleman* de la literatura británica. Pero permítame apuntarle que el *martini* es el único producto elitista que ha creado esta magnífica democracia norteamericana. El *martini* no se toma en todas partes ni lo pide todo el mundo, su creación requiere un exquisito conocimiento, una copa peculiar y, sobre todo, sólo a ciertas horas nos muestra su magnificencia. Como el búho, símbolo de la sabiduría, el martini sólo tiende sus alas al atardecer. Y no se olvide que en su seno florece el primer paso hacia la unidad de las naciones. La ginebra inglesa, el vermouth italiano y la aceituna española son una trilogía de amor"

Las imágenes eran impresionantes. Pero el avión se había calmado y allá abajo se nos delineaba ese mar luminoso del Caribe que es siempre retorno, bajo cuyas olas, según dicen los poetas, "duermen las verdes ninfas que le han dado vida a sus islas".

Y me quedé sin escuchar la última explicación sobre el simbolismo del martini.

La sagacidad de chinos y franceses

No hace mucho, un tanto pasmado por los acontecimientos en Washington y en Bosnia-Herzegovina, me escapé a un restaurante chino y, libre de testigos, ensayé, una vez más, la tarea de comer con unos palitos de marfil que se negaban a obedecerme. Mi fracaso me llevó a reflexionar sobre la teoría de Schopenhauer de que todos los pueblos se burlan de quienes no conocen su cultura. Y esbocé mi propia tesis.

Para aliviar la mortificación sufrida, llegué a la rencorosa conclusión de que, a escondidas y cuando no hay extraños, los chinos seguramente comen con cuchillo y tenedor. Y que la idea de usar inútiles varillas en vez de útiles utensilios no fue más que una venganza oriental provocada por la humillación de 1839, cuando los cañones ingleses le impusieron a China el comercio del opio.

Hasta ese momento, los chinos creían en la superioridad de su Celeste Imperio y despreciaban a los extranjeros como "bárbaros". Derrotados por esos despreciados "bárbaros", los chinos tramaron una sutil tortura: invitaron a los diplomáticos europeos a exquisitas cenas imperiales y les aseguraron que el comer con palitos de marfil era el epítome de la cultura china. Maravillados ante la elegancia del ambiente, y ansiosos por impresionar a sus compatriotas, los embajadores regresaron a Europa desplegando la señorial arrogancia de quienes sabían comer manjares orientales "a la manera imperial china".

Esa propaganda facilitó el que, más tarde, cuando los chinos abrieron restaurantes en el mundo, los clientes llegaban ya condicionados para ensayar el torturante arte de los largos marfiles. Todavía hoy, en cualquiera de esos centros de deleites gastronómicos, se puede observar a algún comensal en afanosa lucha con la resbalosa comida y los convulsos palitos, mientras los camareros chinos sonríen sigilosamente ante la torpe ingenuidad de los bárbaros occidentales.

Una cerveza china me estimuló a expandir mi teoría y creí descubrir el origen de otra famosa argucia: la singular etiqueta que los franceses han impuesto para tomar vino. Antes de Waterloo, los franceses bebían vino con grata sencillez y sin aspavientos. La derrota de Napoleón permitió que el ejército ruso ocupara París y que cientos de oficiales rusos, educados en admiración por la cultura francesa, se derramaran por toda la ciudad ávidos por conocerla. Muy pronto el ingenio galo descubrió las posibilidades económicas que esa incondicional admiración ofrecía. Para impresionar a esos rusos, acostumbrados a ingerir vodka entre gritos y danzas salvajes, los franceses esmeraron sus modales: se servían una delicada cantidad de vino, contemplaban a trasluz la copa, probaban un sorbo, comentaban el olor, el sabor y el año de la cosecha y, tras exclamar "¡magnifique!", se lo ofrecían a sus amigos rusos. El éxito del drama fue dramático, la demanda alzó a las nubes el precio del vino francés. Al cabo, las tropas rusas tuvieron que abandonar Francia. Rumbo a su lejana patria, llenos de nostalgia por "la Ville Lumiere", los oficiales rusos ordenaban vino en cada escala del camino. Rememorando a sus maestros franceses, examinaban la púrpura del líquido, se mojaban los labios, exclamaban "¡magnifique!, y fungían de "connoisseurs". Y, como venían de París, todos los europeos dieron en imitarlos.

Así fue como se extendió por el mundo la etiqueta vinícola. Hoy, a casi dos centurias de Waterloo, cuando uno pide vino en un restaurante, el camarero sigue la tradición forjada por los astutos franceses, sirve un tantico en la copa, pone el corcho cerca de la servilleta (se supone que, si somos "connoisseurs", el color y el olor del corcho nos descubra remotos misterios del vino) y espera, en un silencio cómplice, a que se cometan las obligadas tonterías. Y como nadie quiere lucir ignorante, casi todos repetimos los gestos de los soldados del zar. Lo cual permite que, allá en sus aristocráticos "chateaux", los ricos descendientes de aquellos ingeniosos franceses sigan repitiendo en susurros "¡Magnifique!".

De los gordos y la revolución

Sería bien conveniente, y altamente beneficioso para la sociedad, si hubiera alguna manera de distinguir entre los humanos a aquellos que están abocados, o condenados, a los espasmos revolucionarios. Quiero decir, que los pudiéramos reconocer por su apariencia física, como se puede, por ejemplo, clasificar cautelosamente a las personas que lucen inclinadas a la religión o al deporte, o aquellas cuyo porte exterior indica que son de carácter alegre o taciturno.

Claro que en el caso de los revolucionarios la tarea es más difícil. La especie se ha multiplicado desmesuradamente. Hay revolucionarios blancos, negros, y orientales, altos bajos y medianos. Hace algunas décadas, por ejemplo, hubiera sido fácil eliminar a las mujeres del ámbito revolucionario. Pero hoy pululan "revolucionarias" que alzan el fusil en alto y proclaman su devoción a la causa. A pesar de ello, paréceme que pudiéramos intentar la exploración señalando a aquellos grupos de mortales que menos parecen afectados por el "delirium tremens" revolucionario. El primer grupo que se me antoja a salvo de ese frenesí, es el formado por los gordos.

No dudo que haya habido algún gordo revolucionario, pero tengo por cierto que los líderes revolucionarios no son gordos. Al menos no lo son mientras madura la lucha. Acaso la decadencia de una revolución se pueda medir por la creciente barriga de sus dirigentes en el poder. La imagen del líder revolucionario es la de un tipo asceta y puritano, que anda con libros o con armas bajo el brazo, ceñuda la frente, perpetuamente preocupado con las abstracciones de la causa: la violencia, la represión, el negro presente y el futuro justiciero, quien desdeña como debilidades los deleites de esta vida pasajera. El buen comer, desde luego, es uno de los encantos de la existencia.

Los Gracos no eran gordos; Robespierre, quien era incorruptible e insoportable, apenas si probaba bocado; Zapata se ufanaba de poder galopar por días sin comer nada; Rosa Luxemburgo era escuálida; Lenin trabajaba mientras engullía lo que a mano tuviera; Hitler, quien se proclamaba revolucionario, era vegetariano; en sus años mozos Castro era delgado. Y en sus buenos tiempos todos los anarquistas, de Proudhon a Kropotkin, lucían como monjes de clausura. Hay, naturalmente, una conocida excepción a esta regla, el camarada Mao-Tse-Tsung, quien siempre tuvo tendencia al sobrepeso. Pero de esta excepción nos ocuparemos más tarde.

Lo cierto es que, de alguna forma, la gordura parece suavizar el ánimo e inclinar al sosiego. O acaso sea cierto lo inverso, que los individuos sosegados y plácidos tiendan a tomarse la vida a paso más sereno y asimilan mejor el cotidiano yantar. Los revolucionarios y los fanáticos, en cambio, viven a toda prisa, consagran vastas energías a las conspiraciones y a las ejecuciones, y no atinan a ganar peso.

Acaso por ello, la Biblia nos previene contra los individuos delgados que tienen los labios finos "como el filo de una espada". Gente terrible que duerme poco, ama las abstracciones, y mata a los hombres en nombre de la humanidad. Siglos después de la Biblia, Lin-Yu-Tang sugería que, cuando hubiera escabrosas negociaciones, las naciones deberían siempre enviar embajadores gordos. Evidentemente, el filósofo chino confiaba en la tradicional capacidad razonadora y dialogante de los que el buen comer disfrutan.

Lo cual me conduce nuevamente a la excepción antes mencionada, al camarada Mao-Tse-Tsung. Mao fue un verdadero revolucionario, un hombre terrible que aniquiló a millones de seres humanos y merece la creciente execración de su pueblo. Pero la cultura china es más que milenaria. En el trasfondo de esa cultura, casi como suavizando el panorama de turbulencias, invasores, y revoluciones, está la figura del único fundador de una religión, o de una corriente casi religiosa, cuya más popular imagen es la de un gordo benevolente, quien, ombligo al aire y al tiempo, se abanica plácidamente bajo una sonrisa que parece comprenderlo todo y perdonarlo todo. Y de alguna manera, la imagen de Buda me borra la del único revolucionario que no era delgado.

La desgracia de ser pesado

No hace mucho, compatriotas llegados de Cuba me informaron que en la isla a los "pesados" se les decía ahora "gordos". A punto estuve de formular protesta ante la Comisión de Derechos Humanos, porque me parecía gran crimen del fidelismo eso de identificar a los gordos, quienes suelen ser joviales, con esa extraña característica que hace "pesados" a algunos mortales. Una cosa es caer "gordo", y otra el que los gordos sean pesados.

Afortunadamente, viajeros recientes me aseguraron que la información era errónea y que en Cuba la denominación tradicional estaba tan vigente como la estampida que producen los pesados. Porque es cierto que los cubanos, acaso porque en mucho valoran su reputación de simpáticos, tratan a los pesados como a mancilladores de la gloria nacional. "En Cuba", rezaba el dicho, "se puede ser todo menos pesado".

Esa connotación del vocablo "pesado" no tiene equivalencias en otros idiomas. Los norteamericanos usan "heavy", pero, aplicado a personas, "heavy" sugiere algo de poder o amenaza. El vocablo "dense" se aproxima a "denso" pero se queda corto.

Los alemanes tienen "Spielverdeber", "aguafiestas", lo cual señala una característica de los pesados, no la esencia de la pesadez. Y Moliere, en "El Misántropo", ilumina la concepción francesa en una deliciosa escena. Cuando Celimene, la joven protagonista, critica a un tal Cleón por insoportable, su primo le comenta "Que Cleón ofrece comidas espléndidas no lo podrás negar tú". "Sí", suspira Celimene, "pero él es parte del menú".

En español la cuestión es más radical. Nosotros distinguimos entre "ponerse pesado" y "ser" pesado. Entre una fase transitoria y una característica permanente que acompaña al sujeto desde la infancia hasta la tumba. Desde que el primer familiar exasperado proclama "¡que niño más pesado!", hasta que en el velorio, con displicente crueldad, alguien recomienda que refuercen el ataúd para que el cadáver no lo desfonde.

En el camino, la comunidad le imprime a los pesados apodos tremendos que funcionan como señales de aviso para quienes no los conocen. La imaginación cubana, fértil e implacable, se proyecta más allá de la tumba. En el cementerio de Colón hubo que prohibir dos lacerantes epitafios, "Que la tierra le sea liviana... él ciertamente no lo fue", decía uno, "Aquí descansa, y deja descansar, Fulano de Tal", rezaba el otro.

En Santiago de Cuba, cuando a un moribundo de agudo ingenio le informaron que un ciudadano, cuya falta de simpatía era notoria, venía por tercera vez a ofrecerle sus respetos, negose a recibirlo aduciendo que estaba muy débil para soportar a un pesado. Ante la insistencia de su apenada esposa, el enfermo le susurró estas aladas palabras: "chica, dile que me vea en el velorio".

La hispánica tendencia a los juicios rotundos influye también en la cuestión. Como los celtíberos, el cubano no tiende a las vacilaciones. Prefiere equivocarse a dudar. Más pronto come mal en un restaurante francés que mostrar su desconocimiento del ininteligible menú. Y defiende su selección de platos con la tenacidad de aquel "gallego" que, en un almacén, insistía que una barra de jabón era queso. Cuando el desesperado dependiente le ofreció un trozo, el gallego lo mordió y, con la boca burbujeante de espuma, afirmó rotundamente, "Hombre, ¡pues sabe a jabón pero es queso!".

Esa inclinación a lo aplastante se hace inexorable frente a los pesados. Cuando, por ejemplo, alguien pone en duda la aseveración de que Fulano es pesado, el cubano que tal cosa afirma finge aceptación para hacer más contundente su sarcasmo, "No, chico, tú tienes razón, Fulano no es pesado... ¡Fulano es un plomo!".

La frase implica un atroz salto cualitativo. No se trata de ser apagadamente pesado o, como decía Eladio Secades, "pasivamente pesado", se trata de ser más que pesado. De ahí que se use un nombre, el ancla del idioma, para transformar al individuo en metal. El resultado es pavoroso. El plomo pesa, hunde, arrastra, aplasta, perfora, crea abismos. Un plomo rompe las leyes de la gravedad social y no tiene más destino que irse al fondo; está condenado a crear vacío y a hundirse en ese mismo vacío. Ser plomo es una inapelable condena a la soledad.

Por eso, la tribu cubana suele mostrar un hálito de piedad hacia el plúmbeo condenado. "Pobrecito", se añade, "no es culpa suya, él no puede evitar ser un plomo".

La frase es la flor que los fusiladores arrojan en la tumba de los fusilados.

Esperando por el doctor Godot en Miami

En la conocida obra de Bertol Bretch, Godot es un personaje misterioso a quien dos locuaces vagabundos esperan inútilmente. Los médicos miamenses, que son los mejores médicos del mundo, y, en especial, los latinos, y, en especial, los cubanos, no se mantienen en permanente ausencia como el personaje de Bretch, pero como a Godot, hay que saber esperarlos.

La primera vez que descubrí el peculiar "tempo" de esta ciudad, pues no sólo a los galenos afecta, fue cuando me dieron cita en una consulta médica a las diez de la mañana. Confiando en que lo temprano de la hora me dejaba espacio para otros asuntos, convoqué a un amigo para almorzar a la una.

Como padezco de una puntualidad germana, hábito que muchos sinsabores me ha costado en el ámbito latino, a las diez en punto estaba arrellanado en un sillón esperando para ver al Dr. Godot. Cuando transcurrió la primera hora sin que nadie se moviera en el grupo, una vaga alarma comenzó a roerme. Súbitamente noté que mi vecino de asiento, un señor pergaminoso e inmóvil, tenía la mirada fija sobre un ejemplar del National Geographic Magazine de 1973. Sospechando que el sujeto llevaba veinte años esperando, me abstuve de tocarle el hombro ante el horror de que se deshiciera en polvo. Dos horas y media más tarde, pude volar a la cita con mi amigo quien, naturalmente, había llegado con harta demora al restaurante y ni cinco minutos había esperado. Díjome mi amigo que eso me pasaba por mantener en Miami una mentalidad de relojero tudesco. Y me explicó su método para ajustarse a la ciudad.

Mi amigo llega a la consulta de los médicos a la hora fijada, firma los indispensables papeles del seguro, vuelve a su oficina a trabajar, y retorna a la consulta dos horas después. "Así", me dijo con una sapiencia salomónica, "reduzco el margen de espera a media hora".

Incapaz de tales malabarismos, creí descubrir un mejor sistema para aprovechar el tiempo. Seleccioné un libro espeso, de esos que es preciso leer pero que uno nunca se anima a leer, y me lo llevé a ulteriores consultas. Gracias a tan fecunda idea, logré, por un tiempo, reptar por "Los Buddenbrooks" de Thomas Mann.

Pero el ambiente conspiraba contra mi voluntad cultural. Los latinos, y especialmente los cubanos, tienen una deliciosa e irreprimible voluntad de compartir con el mundo todas las peripecias de sus vidas. Y en una sala no muy amplia, bajo la resonante nube de sus historias, es difícil concentrarse en las aventuras de lejanas vidas.

Vencido por esos cantos de sirena, me descubrí prestando atención al relato de los deleitosos divorcios de la hermana de la señora a mi derecha, o a los impresionantes detalles de la última operación quirúrgica que describía mi vecino de izquierda.

Tan fascinantes son esos aedos de la vida menuda, sobre todo cuando relatan los sucesos "privados" de sus existencias, que no hace mucho, con el libro espeso olvidado sobre las piernas, me quedé prendido de la historia de un adulterio, que una señora vecina le relataba a otra señora. La narradora aseguraba conocer la verdad de la aventura, porque se la había confiado la protagonista, quien era "su mejor amiga".

Estaba la historia en su momento más álgido: el engañado se aprestaba a tomar cruel venganza contra los infieles, cuando la enfermera me llamó para que pasara a ver al doctor. Pensé rogarle a la señora que suspendiera la historia hasta mi vuelta, o que, por lo menos, me adelantara el final de la trama, pero comprendí que hubiera sido grave falta el darme por enterado de una confidencia, por muy en voz alta que tal confidencia hubiera sido expresada. Recordé, además, que no hay nada más difícil en el mundo que lograr que una cubana, o un cubano, sinteticen la historia que están relatando, privándolos de ofrecer jugosos detalles y deleitables digresiones.

Resignado a no enterarme jamás del desenlace, seguí a la enfermera y pasé a ver al médico. Pero confieso que, por una vez, hubiera preferido quedarme en la sala de espera del Dr. Godot.

La cosa está de "Garlic Face"

Esa curiosa frase, cuya traducción dejo a la sapiencia del lector, se la escuché no ha mucho a una distinguida dama que, incapaz de decir "malas palabras" en español, se refugiaba en una escabrosa simbiosis del "*spanglish*" para expresar su irritación contra tal lenguaje. Según me explicó de inmediato, su enfado nacía de oír cómo, día a día en la oficina donde trabaja, el inglés iba imponiendo torcimientos sobre el español. Y digo torcimientos porque se trata de esos arcos idiomáticos que crean los pueblos fronterizos para adaptar su lengua a la que se habla en el país que viven.

Mientras conversábamos sobre el tema, escuchamos la voz de un joven, cuyo escritorio estaba al alcance de nuestros tímpanos, cuando afirmaba por teléfono "no, no te preocupes, mi hermano, yo te llamo 'para atrás' en un minuto para terminar de 'setelear' este asunto". "Llamar para atrás" no tiene excusa, es una frase de tal contrasentido que equivale a un asesinato idiomático, pero "Setelear", del inglés "to settle", arreglar o resolver una cuestión, refleja la voluntad de ajustar el vocablo extranjero a la necesidad del idioma propio. A pesar de todo, cuando oímos al muchacho expresarse de tal manera, mi amiga alzó los brazos al cielo en gesto de dolorosa resignación.

La irritación de mi amiga tiene claras razones. A pesar de la admirable lucha que, con la gramática al brazo toda fantasía y el Diccionario en ristre todo corazón, libra contra los barbarismos nuestra noble y ejemplar hidalga, Olimpia Rosado, la necesidad de expresarse y entenderse en un ambiente extraño se desborda por sobre los frenos gramaticales y crea esas frases insólitas o esas traducciones cómodas que afectan al idioma de los inmigrantes, llegando a veces, a formar un dialecto o una seudo lengua.

El propio Camilo José Cela, el gran novelista español, cuenta entre risas la respuesta de un "hispano" en Los Ángeles, cuando él le preguntó cuál era su oficio. "Yo", le respondió el muchacho, soy un "deliberador de groserías" ("grocery deliver").

La lucha por preservar el idioma o aceptar sus modificaciones se extiende a toda región donde una minoría numerosa trata de ajustarse o aprender el idioma dominante. En el caso nuestro, recuerdo como la primera vez que fui a San Antonio, Texas, me llamó la atención que cada vez que le preguntaba, en español, a los guías del hotel, todos los cuales tenían de firme apariencia hispánica, por alguna dirección, comenzaban a indicarme la ruta en español y terminaban en inglés. Algo así como "mire, camine dos bloques hacia allá y luego make a left turn".

Claro que todo esto, como bien sabe y derrocha mi amigo Álvarez Guedes, tiene su aspecto humorístico. Tal el caso que me contaron de una cubana recién llegada de la isla, cuyo esposo se sintió enfermo mientras conducía en el "high way". Inmediatamente "parquearon" el carro y ella intentó desesperadamente detener a alguno de los motoristas que pasaban gritándoles que su esposo estaba malo. Lo único que su traducción fue demasiado literal, y su grito era ¡Please help, my husband is bad!". Lo cual provocó que un americano moderara la velocidad de su carro y le dijera "Lady, just get a good one", y siguiera de largo.

Hay que tener presente que nosotros vivimos en un país cuyo poderío económico ha hecho que su idioma se haya vuelto el más internacional de los idiomas. Al punto que tanto los franceses como los españoles, han apelado al patriotismo del pueblo para cerrar las fronteras de su cultura y de su lengua y evitar la penetración del inglés. Política esa que, a mi juicio, puede llegar al absurdo.

En realidad, la presencia del "spanglish" es un permanente planteo del problema del bilingüismo, frente al cual arden tantas opiniones. ¿Qué es más conveniente, asegurarse que los niños aprendan bien el idioma dominante en el país que viven o dejarlos que primero se nutran con la lengua de su nación de origen y luego aprendan el idioma básico? Tomando en cuenta esa evidente dualidad, ¿no pasaría el "spanglish" a ser entonces una especie de puente provisional entre ambas lenguas, una manera de salvar temporalmente una cuota del español para que no lo aplaste totalmente el inglés?

No, no lo creo. Pienso que, como en Europa, la existencia de dos o tres lenguas que es preciso aprender tan perfectamente como sea posible es el ideal. Porque el español es rico y claro, pero tan rico y tan claro es el inglés. Y quien quiera triunfar en este país tiene que aprender inglés. Aunque comience por insertarle palabras torcidas.

El dilema es vasto y complicado. Por eso, mi amiga, que vive cotidianamente en el ambiente de "llamar para atrás" y de "setelear" los asuntos, eleva los brazos al cielo y dice que la cosa está de "garlic face".

La pesadilla cubana del presidente Clinton

Dormía el presidente Clinton con un sueño punzado por estadísticas y tensas noticias de nuevas denuncias, cuando resonó su teléfono privado.

"Sr. Presidente, hay una crisis en Cuba".

"¿Que ocurre?".

"Todavía no sabemos Sr. Presidente. Fidel y Raúl han desaparecido, ha habido violencia en las calles y una Junta ha proclamado la liberación de Cuba".

"¡Buenas noticias!".

"No, malas noticias Sr. Presidente. Las tropas rusas que quedan en Cuba marchan hacia Guantánamo pidiendo asilo y los Marines están en estado de alerta. El gobierno mexicano, el español y el canadiense demandan protección a sus inversionistas y Moscú quiere saber qué vamos a hacer".

"¡Hay que convocar a la OEA inmediatamente!."

"Difícil Sr. Presidente. Nos han comunicado que la mitad de los delegados de la OEA está en Colombia y la otra mitad en Ecuador. Hay informes incomprensibles de que hay una tercera mitad en Brasil".

"Malas noticias".

"Buenas noticias Sr. presidente. Podemos actuar sin la OEA".

"Bueno, pero tampoco hay necesidad de actuar con urgencia."

"Sr. presidente, en estos momentos miles de cubanos están zarpando de Miami hacia Cuba. Veinte grupos diferentes, en la isla y fuera de la isla, han pedido inmediato reconocimiento y ayuda como "gobierno provisional" de Cuba. Hay seis auto-proclamados presidentes. La Argentina ya ha reconocido a uno. En Washington el Departamento de Estado está en coma."

"Damn Cubans!.. ¡A la Marina que los intercepte antes de que lleguen a la isla!".

"Sr. presidente, la Marina apenas puede controlar a la enorme flota cubana que se está aproximando a Miami."

"¿Como?.. ¿una flota cubana se acerca en son de guerra?"

"Peor, Sr. presidente, los cubanos vienen en son de paz. Desde las embarcaciones gritan que ya son libres y pueden visitar a sus familiares en Miami."

"¡Pero sus familiares van rumbo a Cuba!."

"Correcto, Sr. presidente."

"¡Hay que evitar a toda costa un encuentro violento entre ambas flotas!".

"No hay problema Sr. presidente. Ya varias embarcaciones se han cruzado sin violencias. Los de Miami gritan que van a recuperar sus casas en la isla y los de Cuba se ríen y dicen que van a ocupar las casas de los que se van. Ya tres de ellos han gritado que se van a postular para alcaldes de Hialeah."

"Bueno... Después de todo los que se van son republicanos y los que llegan probablemente son demócratas".

"Posiblemente sean democráticos Sr. presidente, pero no pueden votar. Mientras tanto Guantánamo pide instrucciones y Moscú está llamando. ¿Cuales son las órdenes Sr. Presidente?.. ¿cuales son las órdenes?".

En esos momentos Clinton se despertó jadeando y sudoroso. Conteniendo el aliento, tomó el teléfono y preguntó con voz trémula:

"¿Hay alguna noticia de Cuba?".

"Nada importante Sr. Presidente. Mañana Castro va a hablar en la inauguración de una exhibición de escobas chinas."

"¡Gracias a Dios!", murmuró Clinton. "¡Gracias a Dios!"

Y, todavía anhelante e irritado, el presidente arregló sus almohadas y reclinó la cabeza murmurando, "Those damn Cubans!".

De la singular aventura de un «Cheo» y una paloma

Nacido y criado allá en mi lejano y desaparecido Oriente, donde, a veces, el repicar de las campanas católicas se mezclaba con los rítmicos latidos de los tambores africanos, aprendí temprano a guardar hondo respeto por todas las creencias religiosas y a cuidarme de no asomar burla ante las más estrafalarias devociones. Sigo así el ejemplo de aquel prudente pueblo que menciona Feijó en su "Teatro Universal", el cual se abstenía de maldecir al Diablo por miedo de que en algún momento se reconciliara con Dios y les hiciera pagar caro tales maldiciones.

A pesar de ese riguroso respeto, creo que vale la pena contar esta verídica y verdadera aventura "religiosa" que ocurrió en un conocido hospital de Miami. El relato me lo trasmitió un grande y querido amigo que fue testigo presencial del singular suceso.

En una ocasión, un muy allegado pariente de mi amigo dio en profundas quejadumbres y fue internado en el susodicho hospital, en una sala reservada para pacientes cuyas esperanzas de sobrevivir eran menguadas. Allí yacían seis u ocho enfermos de cuidado, rodeados por esas telarañas de tubos insertados y cámaras extrañas que tales casos requieren, vigilados por la uniformada blancura de sigilosas enfermeras.

En la cama próxima a la del pariente de mi amigo, boqueaba un individuo, con menos futuro que los demás compañeros de sala, a quien la atribulada compañera que lo visitaba, llamaba tiernamente

"Cheo". El cariño de la tal ciudadana, proclamado en tono mayor, y sus agudas invocaciones a todas las vírgenes del panteón católico para que "Cheo" no la dejara sola en estos mundos de Dios, había ya sembrado un cierto desasosiego entre las enfermeras, quienes repetidamente le habían rogado a la señora que, para evitar las quejas de los otros pacientes, bajara el tono de su dolor. Los plañidos, por otra parte, no parecían surtir mucho efecto sobre la salud de "Cheo".

Eventualmente, la dama decidió acudir a saberes recónditos para curar a "Cheo". Y una noche se apareció en el hospital acompañada por un sujeto de color tenebroso, llevando en la mano un misterioso cartucho punteado de agujeros. Los dos personajes se sentaron junto a "Cheo" guardando poco usual silencio. Mi amigo, a quien el visitante y el cartucho le habían resultado harto ominosos, tuvo un presentimiento de inminente catástrofe, y le pidió a sus familiares que se fueran a sus casas, mientras él se quedaba protegiendo a su pariente.

En un momento en que las enfermeras se ausentaron, la dama le hizo un gesto a su compañero y éste comenzó a canturrear extraños rezos y a trazar signos sobre el yaciente "Cheo". Luego, la dama abrió el cartucho, extrajo una paloma y la depositó cuidadosamente sobre la frente de "Cheo".

Lo que ocurrió después fue casi homérico.

Sea porque el conjuro había surtido efecto o porque las patas de la paloma le hincaron la frente, lo cierto es que "Cheo" se incorporó de súbito en la cama y lanzó un gran alarido. La dama le respondió con otro proclamando un milagro. Espantada, la paloma alzó vuelo frenético en la sala golpeando tubos, derribandos frascos y deshaciendo conexiones vitales. Gritaron los pacientes, llegaron aullando órdenes las enfermeras, lanzaron imprecaciones los médicos que acudieron, y un rugiente tumulto se apoderó del lugar.

Cuando cesó el pandemonio y se logró restablecer una semblanza de orden jadeante, los médicos hicieron un balance del desastre. Inexplicablemente, la paloma había escapado, pero "Cheo" había pasado a mejor vida, llevándose tras él a dos pacientes que no sobrevivieron a sus respectivos ataques cardíacos; y los psiquiatras diagnosticaron que un considerable número de participantes iban a sufrir por largo tiempo temblores espasmódicos y visiones de palomas mortíferas esparciendo desastres.

La dama del cuento no pudo ser juzgada, porque el llevar una paloma a un hospital no era delito. Las bajas sufridas fueron clasificadas como víctimas de un lamentable accidente. Pero desde entonces, el nombre de "Cheo" ha quedado grabado en los anales clínicos de la institución, las enfermeras han desarrollado un odio inextinguible a las palomas, y a nadie se le permite, so pena de arresto, el cruzar los umbrales del hospital llevando un cartucho en las manos.

Del misterioso acompañante no se supo más.

De cómo un Trucutú exiliado es el único que puede liberar a un Robinson Crusoe cubano

S e suele proclamar en el exilio que toda nuestra lucha está encaminada "a la liberación de nuestros hermanos en la isla". Dada a nuestra evidente, perenne y corrosiva tendencia a la polémica, y tomando en consideración los parámetros que usamos para medir el patriotismo de nuestros compatriotas, la frase merece escrutinio. "¿Quiénes somos los que "vamos" a liberar, y quiénes son los "hermanos" a quienes queremos liberar?

Según las normas vigentes en el exilio, del "vamos" están excluidos los exiliados que vinieron a la isla después de 1959, porque descubrieron muy tarde lo que ocurría en Cuba. Ello elimina al setenta por ciento de los exiliados. Y también quedan fuera los que de alguna manera participaron en los desmanes del régimen infame, es decir un diez por ciento de los exiliados. Igualmente desechamos a los tontos útiles e inútiles, a los intelectuales, que siempre andan confundidos, a los "politiqueros", a los "dialogueros", todos los cuales participan en conjuras socialistas, a los que han ayudado a Fidel con opiniones disonantes, consonantes, o detonantes, a los que se acercan al poder norteamericano, porque tienen una lacayuna mentalidad plattista, a los que "no están claros" y a los que "están oscuros". A los demócratas-cristianos, a los social-demócratas, a los cristianos sociales, y a todo ese tejido de siglas bajo las cuales se agazapa el comunismo.

¿Quiénes quedan, pues? ¿Quiénes son los puros, los verdaderos patriotas que "van" a liberar a los "hermanos" de la isla? La drástica eliminación deja a salvo a un solo exiliado, a un tal Trucutú, que vive en Hialeah, quien llegó de Cuba en enero de 1959. Trucutú es sordomudo, y no ha oído jamás hablar de Batista o de Castro, se dedica a reunir sellos, y nunca ha participado en ninguna organización política, ni expresado opinión alguna que tenga que ver con Cuba. Trucutú es el único exiliado que clasifica y sobrevive en todas las encuestas como liberador de la isla.

Ahora bien, ¿quiénes son los "hermanos" de la isla a los cuales tenemos intenciones de liberar?

Desde luego, no a los cubanos que simpatizan con el régimen castrista, lo cual excluye a un quince por ciento de la población de la isla. Ni a los soldados que combatieron en Angola, ni a los milicianos, ni a los que forman parte de los indignos Comités de Defensa de la Revolución, ni a los que han ocupado casas "robadas", ni a los miembros del Partido Comunista, ni a todos los presos políticos, porque muchos de ellos son agentes del gobierno que se dejan torturar para engañar al exilio, ni a los que han ocupado cargos oficiales en la Habana o en los municipios, ni a los médicos que han contribuido a la salud pública del régimen criminal, ni a los enfermos que se han enfermado para hacerle el juego a la propaganda castrista, ni a los que se dicen "disidentes" para embaucar a la opinión internacional; ni a los curas que no se han proclamado abiertamente contra la dictadura. Ni al Caballero de París porque ya está muerto.

¿Quién queda entonces?

Queda un ciudadano que vive en una finquita, cerca de Remedios, tan hirsuto y solitario, que los vecinos lo llaman "Robinson Crusoe". El régimen castrista lo ha dejado en paz, y Robinson, cuya edad se desconoce y de quien se rumora que es sordo y mudo, no ha participado jamás en ninguna actividad política, social, cultural, partidista, comunista, oposicionista o entreguista. Robinson Crusoe vive hermético, insensible, inasible e injuzgable. Robinson Crusoe justifica nuestra lucha, Robinson Crusoe es nuestro hermano.

He aquí que sólo Trucutú, el exiliado puro, es capaz de "liberar" a Robinson Crusoe, el único cubano limpio que queda en la isla.

Lo único malo es que ninguno de los dos se ha enterado de la enorme responsabilidad que pesa sobre sus respectivos hombros. Mientras tanto, peor que las cigarras de la famosa fábula, continuemos aserrando alegremente nuestro propio prestigio.

Seis grandes errores del pueblo cubano

Historiadores y filósofos que gustan de trazar amplios designios teóricos, Spengler, Toynbee, Ortega, han señalado grandes errores históricos en los que, según ellos, han incurrido una diversidad de pueblos. Si España no se hubiera empeñado, con tozudez ibérica, en envolverse en las guerras religiosas del norte de Europa, asegura Ortega, donde se desangró tratando de mantener "Picas en Flandes", España se hubiera mantenido vigorosa y expansiva con sus conquistas en América y en el Mediterráneo.

Si el pueblo alemán no se hubiera obsesionado con la teoría del "Lebensraum", "el espacio vital" que consideraba necesario, apunta Toynbee, Alemania no se hubiera dejado llevar a dos desastrosas guerras mundiales. En Europa, el Siglo XX debió haber sido el siglo de Alemania, como el siglo XIX fue el de Inglaterra y el XVIII el de Francia. La bélica obsesión con el "Lebensraum" destruyó tal gloriosa y creativa posibilidad.

Con ese mismo espíritu de gran diseñador de especulaciones, mi amigo Ñico Fritura, que es gran conocedor del devenir cubano y ha reflexionado sobre los grandes aciertos y fallas de nuestro pueblo, ha delineado toda una teoría sobre algunos de los más grandes errores de la colectividad cubana. He aquí una lista parcial de tales tropiezos.

El primer error fue haber elegido a una isla como '"habitat". Las islas son buenas para ir de vacaciones, pero peligrosas para vivir en ellas. Sobre todo en tiempos de huracanes y de dictaduras. A pueblos con fronteras les resulta fácil emigrar, los cubanos han tenido que nadar, remar o montarse en balsas.

El segundo fue no trasladar la isla a una ubicación menos estratégica. Si hubiéramos llevado a Cuba al Pacífico Sur, allá por donde están situadas las Islas de Pascua, a nadie le hubiera interesado guerrear por la isla, y estaríamos felices esculpiendo enormes cabezotas de piedra que miran al mar.

El tercero fue no engañar a Colón. El insensato Almirante creía firmemente que había llegado a su ansiado Japón. Si nos hubiéramos disfrazado de chinos y le hubiéramos indicado que el Japón estaba mucho más al norte, Don Cristóbal hubiera partido alegremente hacía gélidas regiones, donde hubiera sucumbido, y nos hubiera dejado tranquilos bailando areitos, balanceándonos en hamacas y fumando tabacos.

El cuarto fue cultivar la caña de azúcar. Si nos hubiéramos dedicado a vender caracoles y a exportar sal, hubiéramos preservado nuestros bosques, evitando los horrendos problemas de la esclavitud y nos hubiéramos librado del agonizar con los movimientos sísmicos del mercado mundial.

El quinto fue no haber planchado a la Sierra Maestra. Las montañas orientales eran absolutamente inútiles, no las habitaba nadie ni las usábamos como centros turísticos. Convertidas en productivas llanuras, no hubieran servido de semillero de guerrillas.

El sexto fue abandonar nuestra tradición irreverente para tomarnos demasiado en serio. Mientras el pueblo cubano hacía política musical al ritmo de La Chambelona podíamos resolver nuestros problemas. Cuando abandonamos la alegría del mambo por la seriedad revolucionaria llegaron los desastres. Mejor hubiéramos andado con Benny Moré y con Dámaso Pérez Prado que con Fulgencio y Fidel.

Claro que mi amigo tiende últimamente a una filosofía ribeteada de frustración, que él atribuye a sus lecturas de Nietzsche, y que se expresa, a veces, en versos desolados. Algún día daré a conocer su "Poema contra todos", que comienza:

Todo tiene su tiempo

"Como soy imparcial
Y todo me da lo mismo
Me cisco en el comunismo
Y en el Mundo Occidental"

A pesar de tal postura nietzcheana, o quizás por ella, las razones de Ñico Fritura sobre los errores del pueblo cubano me lucen atendibles.

Un turista cubano en Miami en el año 2005

Era el año 2010. El huracán socialista era ya historia. Entre La Habana liberada y Miami libre había un constante fluir de turistas, familiares y hombres de negocios. Volaban y flotaban los recuerdos del pasado y los proyectos de futuro. Y llegose a Miami un cubano acompañado de su nieto.

—¿Aquí fue donde tú viviste hace tiempo, abuelito? pregunta el niño mirando en torno.

—Sí, mi hijo. Aquí fue donde vivimos y nos sacrificamos hace años, miles de cubanos que luchábamos por liberar a Cuba.

—¿Y que tú hacías aquí, abuelito?

—Bueno, mi hijo, aquí tu abuelo hizo de todo. ¿Tú ves aquel hotel grandote?, pues allí yo trabajé lavando platos.

—¿Y tú lavaste platos, abuelito?

—Niño, tu abuelito hizo de todo. Lavó platos vendió "hot-dogs", fue chofer de taxi, guitarrista en una orquesta. En fin, de todo. La vida era muy dura, pero los cubanos la enfrentamos. Aunque déjame decirte que todo esto ha cambiado mucho. Cuando nosotros llegamos aquí, aquí no había nada.

—¡Nada, abuelito?

—Nada, mi hijo. Cuando nosotros llegamos aquí no había más que pantanos, cocodrilos y mosquitos. No había ni siquiera indios. Los nativos que por aquí rondaban eran muy primitivos, no como nuestros taínos y siboneyes. Los de acá eran semi-indios, por eso nosotros les pusimos seminoles. Los cubanos creamos todo esto. ¿Tú ves aquella tienda enorme con el letrero que dice "giant"? Pues hace años era una fondita. Luego la hicimos crecer y se volvió gigante, pero antes era pequeñita: Nosotros secamos pantanos, construimos los puentes y edificamos esta ciudad así como la ves ahora.

—Abuelito, es verdad que los cubanos somos unos bárbaros.

—Y bien que lo somos, mi hijo. Puedes estar muy orgulloso de eso.

—Fíjate, abuelo, que el año pasado mi abuela me llevó a Madrid y me enseñó el Museo del Prado y me dijo que ese museo se había hecho en honor de un músico cubano que se llamaba Pérez Prado.

—Bueno, tu abuela sabe más de eso que yo. Pero déjame decirte que, para empezar, el nombre de la Florida se nos debe a nosotros.

— ¿Cómo, abuelo?

—Hace muchos años vino por aquí un cubano que se llamaba Ponce de León en busca de una fuente que se suponía te diera juventud para siempre. El tipo en realidad estaba medio trocado porque se había casado con una muchacha mucho más joven que él y quería volver a ser joven. Pero lo cierto es que fue el primero que vino por acá, y se impresionó con las flores que vio en los ríos. Y, como andaba enamorado, le puso a esta tierra la Florida. En esa época todo esto pertenecía a La Habana.

El nieto lucía impresionado.

—Déjame decirte, aunque yo no hablo mucho de eso porque no hay por qué hacer alardes, que el tatarabuelo de mi tatarabuelo estaba emparentado con Don Ponce. Y que yo tengo derecho al titulo de Marqués del Sinsonte. Yo no le doy importancia porque soy muy demócrata y en Cuba un título no significa nada. Pero bueno, es bueno que tú lo sepas. En fin, siguiendo mi historia, también el nombre de Miami es producto nuestro.

—¿Y cómo se llamaba antes, abuelo?

—Bueno, en realidad nosotros estábamos tan ocupados trabajando y edificando y luchando por Cuba, que no nos ocupamos del nombre. Hubo quien le quiso poner "La pequeña Habana", pero el nombre no nos interesaba mucho. Y entonces llegaron los gringos del norte, atraídos por el éxito de los cubanos aquí, y como nosotros no sabíamos inglés ni ellos hablaban español nos entendíamos por señas. Y cuando un cubano quería que un "anglo" hiciera algo en el trabajo, le hacía señas y le decía: "Imítame a mí". Y le repetía, porque los "anglos" son un poco lentos, "A mí... a mí". y los anglos oyeron ese " ¡ A mí... a mí! " y creyeron que esto se llamaba "Miami". Y nosotros lo aceptamos, porque, después de todo, esto de alguna manera pertenece a los Estados Unidos, y el nombre era un homenaje a nuestro esfuerzo.

—¿Y me vas a llevar al Disney World, abuelo?

—Claro, mi hijo, mañana vamos a Orlando. Que también tiene una historia muy vinculada a nosotros.

—¿Walt Disney era cubano, abuelo?

—No, mi hijo, digo no exactamente, aunque me dicen que una tía suya que fue la que lo enseñó a dibujar, nació y fue maestra en Barbacoa, y a mí me cuentan que...

Y abuelo y nieto continuaron su camino en cariñosa aleccionadora plática.

Miami Urbi et orbi

"Miami es el mundo, todo lo
demás es espacio"
Ñico Fritura

P ara los que llegamos del espacio, lo primero que abruma en Miami son las distancias. Acepta uno alegremente una invitación a comer, y luego descubre que la cena es en la 146 avenida del N.W. Partiendo de la calle 8 y la 36 Ave., la jornada luce larga. Hay que buscar mapas, brújulas e instrucciones. Pero, aseguran los amigos, el camino es fácil, Miami es una ciudad lineal y matemática donde es imposible perderse.

Tal vez. Pero yo casi siempre me pierdo. Especialmente en Coral Gables. Cuyas calles intrincadas engañan con nombres atrayentes, Granada, Alhambra, Giralda. En Coral Gables me siento como cristiano en tierra de moros. No sé cómo me las arreglo, pero tras múltiples vueltas, siempre termino por toparme con un cementerio que me bloquea la ruta. Ignoro si es el mismo, o lo cambian de lugar para ofuscarme, o mi paranoia me hace ver visiones. Pero sé que ya reconozco los nombres de algunas tumbas. Y las saludo con deferencial respeto.

En Washington, que fue mi hábitat habitual, las distancias son relativamente cortas y, por tanto, los precios de los taxis razonables.

En Miami sugerir el llamar a un taxi para irse de o llegar a una fiesta provoca hilaridad. Ir en taxi de la 114 a Key Biscayne equivale a dar el "downpayment" para un apartamento. Es más barato quedarse a dormir en un hotel cercano. O irse a un restaurante. En Miami, los restaurantes cubanos sirven comida como si en el mundo no hubiera escasez de alimentos. Una simple ración de plátanos maduros fritos bastaría para alimentar a Etiopía.

Luego el idioma. Camina uno por la Calle Ocho cuadras y cuadras, se desvía, se adentra en barrios, y no oye una palabra en inglés. Es como sumergirse en el tiempo para reaparecer en un ambiente cubano que considerábamos desaparecido. Desde el "cafecito", los gritos saludándose de acera a acera y el guarapo, hasta el tono cariñoso de cobrar cuentas.

A veces me quedo en las esquinas por el mero gusto de oír a mis compatriotas conversar o discutir Aunque usualmente la conversación entre cubanos consiste en monólogos interrumpidos. Sobre todo si se trata de hacer cuentos. Apenas termina uno cuando el otro dice "ese me recuerda...". Los monólogos se deslizan sobre adjetivos contundentes: "evidentemente... absolutamente... clarísimamente". Y, a veces no se le da tregua al interlocutor. Recuerdo haber escuchado a un cubano decirle a otro que no cesaba de hablar: "Oye, toma seis "sí" e intercálalos donde tú quieras".

Hay cubanos que hablan de Miami como de tierra conquistada. "Ya dominamos Hialeah... y pronto controlaremos el Condado". El problema político lo forman los "anglos" y los negros. Quienes no simpatizan con el expansivo poder de los cubanos. Aunque, al hablar de los negros, todos los cubanos se apresuran a afirmar que no son racistas. O que no lo eran en Cuba.

Como antes y como siempre, los cubanos son hiperbólicos y aman los extremos. El término medio no existe. Lo grande o lo chico. Frente al "Versalles", de un grupo que argüía, surgió una voz "Oye... ¿tú quieres razonar o quieres ganar la discusión?". Ergo, razonando no se ganan discusiones.

Las emisoras de radio expresan esa dimensión hiperbólica. Hay una "Radio Mambí", que es, además, "la grande". Su noticiero es "el grande de la grande". Otra emisora no es sólo "cubana" sino "cubanísima". Y en otra oí a un locutor asegurar que "esta emisora se oye desde Alaska hasta la Patagonia". Es fácil imaginarse a los esquimales acurrucados junto a la radio en sus "iglus", ansiosos por enterarse de quién había sido electo comisionado en Hialeah.

En Miami el comunismo y Cuba son los temas esenciales de la conversación. Las definiciones son necesarias. Miami es la única ciudad en el mundo donde un alcalde tiene que tener una política exterior. "Esto es la urbe y el orbe" dice Ñico Fritura. Y al cabo de un tiempo de sumersión en el cálido ambiente cubano, a este espacial la afirmación le luce razonable.

La trágica lección de los *cafres*

Los "cafres" padecen de mal nombre entre nosotros. Según el diccionario, "cafre" es sinónimo de "bárbaro" o "cruel". El nombre árabe, sin embargo es "kafhir", que significa "incrédulo", lo cual tiene un sentido religioso que no se suele asociar con lo bárbaro.

Pues bien, tengo un amigo de negra negritud en la piel, y místico del silencio, que nació cerca de Yateras, en lo que era la noble provincia de Oriente, en Cuba. Mi amigo quien es descendiente de los "kafhires", afirma, y yo se lo creo, que es poeta sublime y que por eso no escribe versos. Sus poemas los comparte con el aire, los árboles y el mar pero no con pálidos papeles que transforman todas las palabras en desteñidas sombras de enérgicas pasiones.

A veces, tras ratos de acompañado silencio, mi amigo cuenta ancestrales cantos de su tierra y de su tribu que le enseñaron sus abuelos para preservar la historia de su pueblo. Sus cantos resuenan siempre con la inmemorial tristeza que tienen las odas que recitaban junto a sus declinantes hogueras los derrotados guerreros de Troya.

Recita mi amigo que hace muchos años los "kafhires" eran un pueblo numeroso y fuerte en el centro del África, y que se habían extendido por las amplias llanuras que recorrían los búfalos, y que habían creado justas instituciones y dioses más fuertes y sabios que los nobles leones que rugían en torno a sus aldeas.

Pero que un día llegaron a los límites del territorio "Kafhir" unos hombres blancos que buscaban diamantes y tenían unos tubos largos que arrojaban fuego y plomo. Los mercaderes chinos que habían cruzado sus llanuras les habían enseñado a los "kafhires" lo que era la pólvora. Pero los chinos solo la usaban en sus fiestas para adornar el cielo con rasgantes estrellas artificiales. Los hombres blancos, en cambio, apretujaron la pólvora en cañas de metal y lograron con ellas sembrar tumbas en la tierra.

Por veinte años los "kafhires" detuvieron en las fronteras las incursiones de los hombres blancos que buscaban diamantes. Pero la lucha se hizo cada vez más difícil y muchos ancianos aconsejaron llegar a una paz de compromiso con los extranjeros. Igualmente cansados de la larga lucha, los hombres que buscaban diamantes enviaron una delegación para establecer relaciones comerciales de mutua ventaja.

Entonces apareció entre los "kafhires" un líder de voz sonora y palabras agresivas que convocó a las tribus para conducirlas a su liberación. El hombre de gesto ardiente se llamaba "Khai-Baronga", que en idioma "kafhire" significa "el Guía", les habló de las glorias pasadas, y les dijo que tratar con extranjeros era una traición y que él tenía la fórmula para derrotar a los invasores y para transformar a los "kafhires" en el pueblo más poderoso del mundo. Lo único que él pedía era obediencia absoluta. Y con grandes clamores, batiendo los escudos y las lanzas, los "kafhires" le juraron fidelidad.

"Khai-Baronga" les dijo entonces que para recibir el apoyo de sus dioses era preciso eliminar las desigualdades quemando los cultivos y matando al ganado. Entre gritos de fanatismo y voces de odio, los "kafhires" arrasaron todo lo plantado y exterminaron a sus reses. Cuando algunos ancianos y muchos jóvenes alzaron protestas contra ese bárbaro sistema, los más fanáticos entre los "kafhires", quienes habían formado grupos llamados "rápidas lanzas", los expulsaron, lanzaron fuera de las tierras tribales o los redujeron al supremo silencio con un corte de hierro en la garganta.

Así cayó el manto de la historia sobre los "kafhires". Tres años de rebelión santa bajo un líder infalible dejaron a la tierra inerme y a puñados de famélicos supervivientes arrodillados en el polvo de las desiertas aldeas. Los blancos extranjeros avanzaron sobre ella y se quedaron atónitos al ver la vasta destrucción que los "kafhires" se habían infligido. Ni el peor enemigo les hubiera hecho tanto daño.

Todo eso ocurrió alrededor de 1857, en la tierra de los Xosas, también llamados "Kafhires", a los cuales nosotros en español llamamos "cafres" y tildamos de "bárbaros", pero cuya trágica historia me resulta extrañamente familiar.

Tiempo de soñar

Toda la vida es sueño
Y los sueños sueños son.

Calderón de la Barca

Itaca y el adiós a Camelot

En la velada fúnebre de Jacqueline Kennedy Onassis, la primera y la última dama de Camelot, el señor Maurice Tempelsman tuvo la elegancia de leer un poema titulado Itaca, cuyos versos conmovieron a todos los presentes porque van dirigidos a todo el que sueña con un ideal.

El autor del poema, C.P. Cavafy, vivió casi toda su vida como un oscuro burócrata en Alejandría, escribiendo, casi a hurtadillas, una poesía recóndita cuyas ondas rebasaron las limitaciones del griego moderno en que fueron escritas. En una curiosa ósmosis poética, las traducciones de Cavafy, como las de su enorme compatriota Nicos Kazantzaki, permearon las más diversas epidermis literarias.

Cavafy vigorizó los viejos mitos de la Grecia clásica. Cantó al astuto Odiseo, o Ulises, como mejor lo conocemos, aquel guerrero homérico que luchó en Troya y fue rey de una pequeña isla llamada Itaca. Su largo y azaroso regreso a Itaca le dio tema a Homero para escribir La Odisea, el más famoso y espectacular poema épico del Occidente

Fue Odiseo quien ideó el caballo de madera que permitió a los guerreros aqueos infiltrarse en Troya y destruir a la ciudad. Durante el saqueo final, Odiseo cometió un crimen contra Poseidón, el dios del mar, quien, en venganza, obstaculizó por años su retorno a Itaca, oponiéndole huracanes, cíclopes, engañosas sirenas, mágicas tentaciones y aún caníbales llamados Lestrigones.

Todo tiene su tiempo

La tenacidad de Odiseo de retornar a Itaca, le inspiró a Cavafy el poema que fue homenaje ante el cadáver de Jacqueline Kennedy. En las sutiles manos de Cavafy, Itaca, la pequeña isla de Odiseo, se transformó en la meta que buscan, o de la cual regresan, todos los soñadores que en el mundo han sido.

Esa dimensión intemporal justifica el dar a conocer a los lectores el texto del poema. He aquí, pues, los alados consuelos que derramó sobre los míticos viajeros del ideal aquel susurrante poeta de Alejandría que se llamó C.P. Cavafy:

"Cuando emprendas el viaje de regreso a Itaca,
ruega que el viaje sea largo,
lleno de aventuras, lleno de enseñanzas.
No temas a los Lestrigones, ni a los Cíclopes,
ni al irritado Poseidón.
Jamás te los encontrarás en tu camino,
si tus pensamientos se mantienen nobles
y el ideal anima a tu cuerpo y a tu espíritu.
Jamás te encontrarás a los Lestrigones,
a los Cíclopes, o al fiero Poseidón
si tú no los llevas dentro de tu alma
y si tu propia alma no los conjura frente a ti.
Ruega que el camino sea largo.
Que sean muchas las mañanas soleadas
cuando entres en puertos nuevos,
con el alma vibrante de alegría.
Visita los mercados fenicios,
y compra delicados productos,
madre de perlas y corales, ámbar y ébano,
y perfumes voluptuosos de todas clases,
todos los perfumes voluptuosos que puedas comprar.
Visita las ciudades egipcias,
y aprende de las piedras y de los que son sabios.
Ten siempre presente a Itaca en tu mente.

Llegar a ella es tu meta final.
Pero no apresures el viaje.
Es mejor prolongarlo por años,
para que cuando ancles tu nave en la isla
ya seas viejo y estés rico
con lo que has ganado en el viaje,
y sepas que Ítaca no puede ofrecerte riquezas
Itaca te ha regalado el magnifico viaje.
Sin ella no hubieras emprendido la jornada.
Pero ella no tiene más nada que ofrecerte.
Y si la encuentras pobre, Itaca no te habrá defraudado.
Seguramente que para entonces, la sabiduría y
la experiencia que has acumulado,
te habrán permitido comprender
lo que Itaca realmente significa".

Una princesa que murió de amor al mar

Acaso los que han nacido en las cálidas costas del Caribe, o tal vez cualquier mortal que, sin haber tenido esa fortuna, haya crecido bajo el susurro infinito de algún mar, han de apreciar mejor esta historia llena de leyenda, o esta leyenda llena de historia, que brota, rumorosa y triste, de las viejas crónicas que escribió hace siete siglos, con melancólica pluma, aquel Abad de Covarrubias que se llamaba Don Pedro Martínez.

Es la historia de una princesa noruega, hija de Hakoon Hakkonson, que nació en 1220, en uno de esos límpidos fiordos de Escandinavia, y creció de rostro al mar, bañada por esas brisas frígidas del norte, que prenden de azul los ojos de las mujeres e iluminan de oro sus cabellos. Se llamaba Cristina y adoraba las olas, tejía trenzas con húmedas algas, escuchaba el misterioso rumor de las caracolas, y sabía reconocer desde lejos las velas hinchadas de los barcos vikingos, que, luego de asolar las costas europeas, anunciaban su vuelta con largas trompas de cuernos, cuyos broncos ecos rebotaban hondamente en las montañas del fiordo.

Una vez, por vagas y confusas razones, el rey de Noruega y el rey de Castilla, Don Alfonso el Sabio, se propusieron vincular sus reinos mediante una boda, y decidieron que Cristina se casara con uno de los hijos de Alfonso. Con sabia hidalguía, como correspondía a su fama, el rey de Castilla le concedió a Cristina el supremo derecho de elegir esposo.

Llegose la princesa a Francia y viajó, entre múltiples agasajos y tras un paseo triunfal por Barcelona junto a Jaime el Conquistador, hasta Covarrubias, en el corazón de Castilla, donde, con la debida pompa y circunstancia, la esperaban Don Alfonso el Sabio, su comitiva y sus tres hijos. Allí, tras unos días de reposo, la rubia princesa eligió al Infante Felipe, quien era, según cuenta el cronista, "el más bravo y de mejor carácter de los hijos del rey". Y el 31 de marzo de 1258, en medio de amplio regocijo popular, se celebraron las bodas.

Pero, a diferencia de los cuentos de hadas, no fueron felices para siempre.

A pesar de su sonrisa y su amabilidad, a la princesa nórdica le aquejaba una creciente y extraña melancolía que ningún médico acertaba a remediar. Gustaba Cristina de subir a la terraza más alta del castillo, contemplar la vasta y seca tierra de Castilla, y quedarse absorta mirando en dirección a donde le habían dicho que estaba el mar.

Nunca se le oyó queja ni protesta. Sola, sin musitar palabra, todos los amaneceres la encontraban en las almenas, con los ojos azules fijos en el horizonte y en las manos una caracola que, según se rumoraba, era capaz de reproducir el eco de las olas del mar. A veces, la princesa se la acercaba al oído y se quedaba quieta escuchando algo que la caracola parecía susurrarle.

Así se fue anemizando y decayendo la princesa, hasta que en 1262, cuatro años después de su boda, Cristina, hija de Hakoon Hakonson, rey de Noruega, murió callada y suavemente en el castillo. Los médicos de la corte, quienes retiraron de sus manos yertas la extraña caracola, diagnosticaron que Cristina había muerto de una turbia enfermedad de la sangre, o de un desconocido "mal de oídos" que ellos de oídas conocían .

Sólo un anónimo trovador, con la osadía que tienen los poetas, se atrevió a insinuar en cantos cortesanos que la amada princesa había muerto de "amor de mar". Y así, entre cánticos y congojas, fue enterrada y llorada en Castilla, aquella rubia exiliada de las costas escandinavas.

Todavía hoy, quien visite a Covarrubias, un pueblo cargado de soñolienta historia, puede buscar, si tales leyendas le interesan, en un rincón floreado y semioculto, a la estatua que mucho más tarde le erigieron a la noble Cristina. Con un destello de amor y comprensión, el escultor situó a la efigie de cara al norte, como en permanente búsqueda del mar

Tal vez hubiese sido un último gesto de ternura el haber esculpido una caracola en las trémulas manos de aquella melancólica princesa que se murió en las tierras de Castilla, con la imagen del mar en las azules pupilas.

De la lectura, la pluma y la espada

Cuenta el engañoso Platón que en tiempos remotos unos sacerdotes egipcios le mostraron al faraón Thamus un papiro cubierto con extraños jeroglíficos, y le explicaron que habían descubierto la escritura. Desde ese momento, aseguraron, las palabras podrían ser perpetuadas y estudiadas eternamente. El faraón se mostró horrorizado con la invención; dijo que la escritura iba a traer incontables males a la humanidad y ordenó que se quemaran los papiros.

La orden no fue obedecida y la escritura se extendió por las riberas del Nilo. Muy pronto, los egipcios aprendieron textos que les hablaban del misterio de la vida y de la muerte, abandonaron sus livianos menesteres y, preocupados con la inmortalidad, sucumbieron bajo el peso de enormes templos y tumbas imponentes.

A pesar de tan desastrosa lección, la escritura cundió por el globo y azotó pueblos remotos, a los cuales se les obligó a aprender a leer y a escribir. Al igual que los egipcios, tales pueblos perdieron su feliz ingenuidad, aprendieron a cavilar sobre libros sagrados y se hundieron en grandes disturbios.

Una de las consecuencias de tal proceso educativo fue la emergencia en todas las sociedades de una casta de gente culta que se cree superior al resto de la humanidad porque lee o dice que ha leído libros, y sabe de historia. Esa casta, perpetuada hasta nuestros días, no quiere aceptar el hecho evidente de que la gran mayoría de la humanidad vive feliz, trabajando, haciendo dinero o divirtiéndose, sin cuidarse de saber quién era Nietzsche o qué ocurrió en las Guerras Púnicas.

La casta, la cual pretende que el mundo gire alrededor de la "cultura" libresca, suele darse tales aires de superioridad, que muchas veces amedrenta a otros mortales y los obliga a fingir que han leído. Así uno de ellos comenta en grupo: "¡Ah, porque como decía Camus!", y mira en derredor con aire inquisitorial atisbando ignorancias. Y los demás se avergüenzan de no saber quién era el mentado y asisten en cómplice silencio, como si ellos y Albert Camus fueran anillo y dedo.

Sometiéndose a esa misma presión, hay mortales que proclaman que no pueden ir a la cama sin leer algo. Lo cual suele significar que todas las noches abren un libro sobre el venerable vientre, y lo arrullan con rítmicos ronquidos. No saben esos mortales, bendecidos por un sueño fácil, que mucho mejor sería confesar que la lectura les es soporífica. Porque, a fin de cuentas, una de las tareas más nobles a que puede aspirar un libro es ayudar a los mortales a dormir.

Algunos de los supremos sacerdotes de la casta son ésos que se ufanan en repetir resonantes vaciedades que los hacen lucir importantes. Son ellos los que proclaman que "las ideas rigen la historia", o que la Revolución Francesa la hicieron los filósofos, o que "la pluma es más fuerte que la espada".

Afirmación ésta última que resulta bien dudable a los militares quienes en todo conflicto prefieren tener de su lado a las espadas y no a las plumas. El viejo Bismarck, por citar un ejemplo, quien había unificado a Alemania a "sangre y hierro", bien se reía de ese famoso decir de los escritores.

Mucho antes de Bismarck, cuando en la antigua China regían los famosos y terribles Señores de la Guerra, al general Wang-Fu, bien llamado el Tigre Celestial, le leyeron un documento que repetía eso de la superioridad de la pluma sobre la espada. Intrigado, el general llamó a un escritor y le preguntó si creía que la tal afirmación era cierta. Con típica e irresponsable vanidad, el escritor le afirmó que él y todo el mundo lo sabía.

Entonces, el Tigre Celestial tomó con la mano izquierda una exquisita pluma de pavo real y con la derecha su pesada espada y, con un gesto suave, deslizó la pluma por el cuello del escritor. Nada ocurrió. La espada de Wang-Fu giró entonces en curva similar, y la cabeza del infortunado escritor rodó a los pies de los soldados. En vista de lo cual, Wang-Fu afirmó que aparentemente lo dicho por el escritor no era cierto y que, en su humilde criterio, la espada era más poderosa que la pluma.

Claro que, desde entonces, todos los cronistas, chinos y no chinos, insisten en condenar a Wang-Fu, y a todos los Wang-Fus que por el mundo pululan, como bárbaros incivilizados que deshonran los anales de la historia. Es fama, sin embargo, que el Tigre Celestial llegó a dominar una gran parte de China. Y que murió plácidamente en su cama.

El pánico de los dioses

L levan años los hombres escrutando ansiosamente el espacio en busca de señales de que hay vida en el universo. No las han encontrado. Y, de acuerdo con una leyenda sumeria, no las van a encontrar.

Cuenta esa inmemorial leyenda, más antigua que los misteriosos ziguratos sumerios, que en una ocasión los dioses creadores de la humanidad, sintieron un gran terror y se escaparon a remotos espacios del infinito, donde no los podían alcanzar ni los ruegos ni las blasfemias de los mortales. Desde entonces, agónicamente solos, los hombres no han cesado de inventarse dioses a su imagen y semejanza para dialogar con ellos. Pero el diálogo es en realidad monólogo, los verdaderos dioses se han ido. Por eso decían los primitivos sumerios que las oraciones no son más que "akhu" vocablo que significaba simultáneamente "dios" y "eco".

No dice la leyenda qué fue lo que provocó el pánico de los dioses. Sólo apunta que los dioses clavaron su mirada en la tierra, percibieron algo en los hombres y, horrorizados, partieron en inmortal estampida.

Aparentemente esos dioses no tenían el duro estómago de sus terrenales criaturas. Los humanos nos horrorizamos poco y nos olvidamos pronto. Es una ley casi biológica que nos ha permitido sobrevivir los más espantosos holocaustos y soportar las más terribles tiranías. Nuestra cuota de horror es limitada. Según los más acreditados sicólogos, el tiempo promedio que toleramos frente al espectáculo televisado de miles de niños muriendo de hambre en Somalia o en Calcuta es de 40 segundos. Al cabo de ellos, cambiamos de canal o apagamos el televisor. Tenía razón el camarada José Stalin, aquel sombrío profesor de sombras, cuando sintetizó esa liviandad emocional en una terrible frase: "Un muerto es una tragedia... un millón de muertos es una estadística".

Lo pavorosamente certero de tal juicio lo podemos constatar en nuestra conversación cotidiana. Ante algún lejano cataclismo, natural o provocado, es posible escuchar a personas, ni crueles ni insensibles, comentar sencillamente "dicen que en Pakistán murieron dos o tres millones de personas". Dos o tres... un millón de muertos marca la diferencia. Pero es que nuestro horror no crece en relación al número de muertos. Una vez cubierta la cuota inicial de identificación con la tragedia, se nos embota la capacidad de estremecimiento.

Esa condición humana ayuda a entender el porqué en toda revolución, clásico ejemplo de violencia colectiva, los que se mantienen en el poder son los que menos se horrorizan ante la muerte de sus semejantes, los que tienen un estómago de hierro. Robespierre tenía más estómago que Dantón. En el momento en que a Dantón, nauseado ante el implacable rechinar de la guillotina, se le debilitó la voluntad de aniquilar, Robespierre lo pudo enviar al patíbulo por "contrarrevolucionario". Lo mismo puede decirse de Röhm frente a Hitler, de Trotsky frente a Stalin, o de Fidel frente a los Ochoa que lo rodean.

El estómago de los verdaderos revolucionarios tiene que ser férreo e inmunizarse contra la piedad. Por eso el camarada Lenin dejó de escuchar la música de Beethoven. La belleza de la música, confesó, le debilitaba su voluntad revolucionaria.

Tales conocidos ejemplos iluminan un aspecto sombrío de nuestra época, llamada por alguien La Era de la Atrocidad.

Casi en los albores de la Edad Moderna, Moctezuma I, el emperador azteca, sacrificó en dos días 20,000 víctimas humanas al dios Huitzilopóchtli y a la terrible diosa Coatlicue. Y cuando alguien le pidió la razón de tan copiosa inmolación, el ceñudo emperador azteca respondió secamente: "Los dioses tienen sed".

Claro que nosotros, los civilizados, desdeñamos la barbarie de Moctezuma I, quien sacrificaba miles de seres humanos a dioses falsos. Nuestros dioses son más respetables: el Estado, la Revolución, la Nación, el Partido… Y hemos, además, mejorado infinitamente el aparato inmolador. Hoy en día eliminar a 20,000 seres humanos no toma más de dos segundos.

Nuestros dioses, sin embargo, parecen estar abrasados por la misma sed de sangre que latía en la terrible Coatlicue. De ahí lo aleccionador de la vieja leyenda de Sumeria. Porque lo cierto es que los dioses no tienen sed; los dioses nunca han tenido sed. Somos nosotros los que no cesamos de buscar razones para inmolarles nuevas víctimas. Somos nosotros los terribles e insaciables sitibundos.

Seguramente la certeza de que les ibamos a atribuir a ellos esa atroz e inextinguible sed fue la que provocó el pánico inmemorial de los dioses. Y los lanzó hacia los más remotos rincones del universo. Por eso escrutamos las más lejanas galaxias y sólo encontramos planetas desolados y voraces "black holes".

La isla que nunca existió

E s hora de liberar la verdad. Hay una Cuba que nunca existió, que nació de una leyenda inventada por los indios del Caribe para espantar al Gran Almirante de sus indefensas costas y dirigirlo a un señuelo de tierras relucientes y ricas. Como *El Dorado*, aquella áurea región improvisada por los chibchas para desviar a los españoles hacia donde se agazapaba la muerte, Cuba fue la creación que el miedo le ofrendaba a la avaricia.

Reacio a aceptar realidades que mermaran su gloria, negándose a conceder que no había logrado encontrar a la isla "fermosa, dorada y feliz" que le describían los indios, Colón ciñó la pluma y con mano firme trazó en el mapa azul los contornos de una isla que se le antojó larga y delgada como su esperanza, y la llamó Juana, en honor a la hija de los Reyes Católicos.

Navegantes posteriores buscaron en vano a esa isla Juana y sólo dieron con la leyenda de Kuba forjada por los indios. Pero, temerosos de que por fementidos y cobardes los tuvieran, los navegantes continuaron reproduciendo en sus mapas las borrosas líneas de la isla que Colón llamó Juana y ellos conocían por el nombre indio de Kuba.

En realidad el nombre Kuba era una deformación del vocablo arawaco kri-khuba, que significa "que no existe". En 1502, Don Juan de Grijalva, logró aprender el lenguaje arawaco y cayó en la cuenta de la grande argucia de los indios. En vez de denunciar el mito, el prudente Grijalva estampó el nombre de *Cuba* en el mapa oficial que se le había encomendado hacer.

Tal cosa hizo, cuenta Grijalva en carta a su esposa, para deshacer el engaño caribe; disimular la vergüenza del Gran Almirante, y darle a la isla un nombre bien hispano, no la Kuba de los arawacos sino "Cuba" como femenino de "cubo" y gran vasija receptora de vino. "Porque he dado en creer", le aseguraba picarescamente Grijalva a su esposa, "que Don Cristóbal debió andar hecho una cuba para dejarse entrampar por esos indios". Así fue como el nombre "Cuba" adquirió perpetuidad oficial.

A medida que la historia desplegaba sobre las Antillas sus pesarosas alas, cargadas de esclavos, piratas, azúcar y látigo, los menesterosos y sufridos poetas de otras rumorosas islas, a cuyos oídos había llegado el nombre legendario, amortiguaron sus penas cantando las bellezas de Cuba, la isla imaginaria, donde todo era arrullo de palomas, erotismo dulzón y carcajadas musicales.

Allí donde más cruel silbaba el látigo del amo, allí sonaba más hermoso el canto a Cuba. En 1570, en Haití, Jean Le Mensonge, un ex esclavo, liberado por demente y por poeta, que al cabo son la misma cosa, escribió un poema cantando a la isla imaginaria. Hilvanando primitivas metáforas, Mensonge afirmó que la ciudad "se abría al mar como una amante" y "ofrecía al viento un contorno tierno y terso como el de una banana".

El poema recorrió las islas y, por otra de esas maravillosas mutaciones del decir popular, la supuesta capital de Cuba pasó a llamarse primero La Banana y luego, cuando más ornados poetas la quisieron desvincular de la humilde fruta, se la llamó La Habana.

Así fue como, al igual que las islas de las Hespérides, aquellas mitológicas islas de tan suave vivir que, según Lucrecio, sus habitantes solo morían de aburrimiento, hubo una Cuba que entró en la historia por la divina puerta de la fantasía.

Cada generación antillana le añadió dimensiones a la leyenda: se habló de sus poetas y de sus montañas, de un heroico pueblo que había librado magnas luchas. de sus hermosas mujeres y de sus huracanes. Se inventaron héroes y se crearon gestas. Y el nombre de Cuba, montado en épico rumor, recorrió el continente.

Más luego, porque la felicidad humana nunca es perdurable, se descubrió que sí existía una isla real, situada al norte de la imaginaria. Y se supo que sobre esa isla había caído un castigo terrible, un hombre barbudo y cruel, peor que el vengativo Quetzalcoatl de los aztecas, o el Nkríkamo (el Castigador) de los abakuás; o la tenebrosa Hécate de los aqueos, quien había llenado de tinieblas y de tumbas a la Cuba real. Como siempre, la fantasía arrulló un canto a la nueva aurora que pronto se iba a desplegar sobre esa isla y que la iba a hacer semejante a la isla soñada.

Ante la brutal realidad, mucha gente prefirió refugiarse en la imagen de la tierra fantástica de los arawacos, cuya esencia mítica ya Jean Le Mensonge había rasgado en su poema:

"Cuba: una palabra clavada a un sentimiento...
¡Cómo me llega tu dolor y tu lamento...!
Mas eres sólo un sueño que vaga con el viento..."

Junio de 1994

La exasperación de la lluvia

La inmensa lluvia que se abatió por días sobre Miami, me ha impedido concentrarme en alguno de los apremiantes asuntos de la actualidad. Justo me parece explicar, a aquellos de mis lectores que se interesen, porque ese tipo de lluvia tiene el poder de reducir mis ideas a gotas.

Comencemos por lo obvio. No todas las aguas que caen del cielo son iguales. Hay lluvias livianas, risueñas que saltan del horizonte, juegan con el viento y se alejan después de acariciar el rostro de los mortales. Son esas las que, en forma de tenues nubes, aparecen en los mosaicos de Creta adornando los sagrados juegos de Minos.

Hay lluvias fecundas que ensanchan los arroyos, empapan los surcos, crean un germinar de raíces y alientan a que las plantan crezcan hacia el sol. Y hay lluvias fuertes y breves que limpian las calles y no hacen más que provocar un corretear de risas que buscan cubierta bajo cualquier tejadillo.

La miserable lluvia que se abatió sobre Miami no era de ese género, no era risueña ni juguetona. Era una lluvia sombría, telúrica, pertinaz, gris, prehistórica, dinosáurica, delictiva y adicta, de esas que caen sobre las ciudades como cae el destino sobre los humanos; que no concede tregua ni reposo; que se pega a la ropa y la torna en una piel que se adhiere a nuestra piel; que repta por las paredes y se desborda en las calles como una serpiente furiosa, y luego se enrosca y se agazapa en los charcos para destruir a los carros que lo cruzan. Es una lluvia que enturbia la mirada y ahoga la esperanza, y empaña todos los recodos de la visión y torna a la atmósfera en una cúpula tediosa y gris.

Cuando esa lluvia cae, la nubes se encapotan y parecen rebaños amarrados por cuerdas de lluvia. Bajo ese espeso peso del agua, bajo ese sordo redoblar de gotas unánimes y vengativas, no se atreven a volar los pájaros, ni se asoma un recuerdo de luz. Aun el formidable mar se deja azotar en silencio, inhibe sus olas, se disfraza de calma, y se esconde debajo de los muelles sin ni siquiera susurrar quejas bajo las quillas de los botes anclados. Mientras dura la lluvia, los peces se quedan tersos, tensos, inmóviles e inertes.

Ese tipo de lluvia convierte a la ciudad en un vasto antro de riesgos. Las noches triplican su peligrosidad. Nadie resbala por las calles, ningún grito taladra el perenne golpear del agua, la ciudad toda se encoge como si no le quedaran alientos ni para soñar con el amanecer. Aun los criminales abandonan sus proyectos y se escurren a sus más recónditos escondrijos.

Son las noches en que las ventanas se abren de repente con un golpe de terror, y las puertas lo hacen lentamente con chirridos de miedo, y cada figura humana que cruza parece como doblarse bajo el peso de un delito y, despojadas de la luna, también las brujas del aquelarre ocultan sus escobas y se arrodillan en rezos.

A los locos y a los apasionados, la luna los vuelve frenéticos y los hace saltar hacia una violencia de golpes y gritos. La luna es madre de crímenes pasionales. Pero esa lluvia pausada, monótona, inmisericorde, inmutable, abrumadora, ahoga los pensamientos y crea riachuelos de tensión en las mentes. La lluvia es madre de pausadas demencias y de crímenes silenciosos.

A algunos mortales, la tenacidad de la lluvia los hunde en una peculiar forma de melancolía, en un nirvana de la desesperación, en un abatimiento de la voluntad, a la cual un amigo mío, quien era ávido lector de Edgar Allan Poe, y luego descendió hasta Stephen King, llegó a temer esa lluvia como temían los herejes a la Inquisición.

Decía ese mi amigo que tal tipo de lluvia lo desajustaba y le producía lo que él llamaba una irremediable "deprimencia". Término que él definía, con un cierto grado de originalidad, como "una destructiva combinación de depresión y demencia", de la cual sólo lo libraba el poder de un arco iris.

Por eso, como él, yo he llegado a detestar ese tipo de lluvia que ensombrece los días, oculta el perfil de las palmas tropicales, se extiende eternamente, y me obliga a replegarme dentro de mí mismo en espera del amanecer.

Cuando llueve en esa forma, solo acierto a recordar a mi amigo, el lector de Poe, el creador de la "deprimencia", quien languidece en un sanatorio para alucinados, ululando su plácida demencia cada vez que su enemiga, la pesada lluvia, resuena sobre su techo, mientras el aguarda aún por su arco iris.

El otoño y la filosofía

"En cada hoja que cae
veo mi propio destino"
Senancour

Erguidos al borde de las nobles avenidas, como pinceles de brillantes colores, los árboles suman su vívido perfil a la ciudad. Washington está matizado de verde y de rojo, de púrpura y oro. El esplendor, sin embargo, tiene una nota de melancolía. Al menor estremecimiento de la brisa, las hojas de los árboles se desprenden y forman efímeros torbellinos en el aire, y se asientan definitivamente en parques y en aceras. La danza de las hojas anuncia el lento agonizar del otoño. Ante la proximidad del invierno, la naturaleza recoge su manto en torno a la ciudad.

Nunca he cesado de admirar el espectáculo. Nacido en el trópico, crecí sin ver cambio de estaciones. Pasé mi juventud sin comprender a cabalidad qué significaba la exaltación a la primavera a que se referían poetas y músicos de climas fríos. En Cuba no varían las hojas su color, ni jamás blanquea silenciosamente el paisaje, ni cambia la temperatura.

Acaso por ello no germinan fácilmente los filósofos en el trópico. La filosofía demanda lejanía, recogimiento, soledad. El trópico es compañía y desbordamiento. El sol a plomo quema los cráneos e incendia las ideas. Los poros viven abiertos a la atmósfera. La agitación es perenne pero espasmódica. El calor agota pronto.

Pueblos que viven consumiendo azúcar, cafeína y nicotina, son pueblos que viven en perpetuo estado de excitación. Y la excitación produce súbitos agotamientos. En el trópico, las ropas son livianas y la sensualidad permanente. "Sólo en el trópico" anotaba Jack London "se escucha el canto ininterrumpido de la carne". Canto y carne. Qué bello binomio literario.

Otoño e invierno, en cambio, obligan al recogimiento. Bajo espesos abrigos, frente a un aire helado que corta las facciones, las figuras humanas pierden los contornos y se hacen mutuamente borrosas. En la calle, todo el mundo parece en fuga hacia la tibieza de los hogares. Hay siempre el acicate de la casa hermética, y de una chimenea acogedora donde arden troncos y flamean llamas amigas.

El fuego hogareño, y las danzantes llamas, inclinan a la reflexión. Hacen más posible ese creativo proceso anímico que los filósofos españoles definieron con soberana y profunda palabra, el "ensimismamiento". La acción de encerrarse temporalmente en sí mismo y meditar sobre las circunstancias. "Lumbre y soledad son mis alimentos", confesaba sosegadamente el sosegado Erasmo de Rotterdam. Mientras el frío obliga al ensimismamiento y calma las ideas, el calor lanza a la calle y dispara las pasiones. El ambiente invernal propicia el diálogo, la acera tropical incita a la discusión. La discusión lleva al grito. Y el grito hace que los argumentos se midan por la fuerza de las cuerdas vocales.

La exuberancia tropical tiene su sesgo positivo. Agotar la pasión en la expansión tiene sus ventajas. No gesta filosofía, pero abre el horizonte humano al abrazo y a la hermandad. En el trópico, por ejemplo, se suele matar por pasión pero no por método. En el norte, en cambio, Alemania, la Unión Soviética, en ocasiones, el exterminio de seres humanos se ha planeado y ejecutado con metódica precisión.

La locura nórdica, acumulada en meses de invernal soledad, es sobrecogedora. El ensimismamiento, como la razón de Goya, crea fantasmas. Así se dan por estos lares seres violadores masivos, que estudian mapas y consultan computadoras en busca de víctimas. O seres enajenados que salen a la calle, no a matar enemigos que odian sino a disparar sobre todo ser humano que en torno a ellos se mueva. Crimen sin razón ni emoción, que resulta inexplicable a la mentalidad tropical.

Había poetas en el trópico, Zenea, Casal, que añoraban las gélidas brisas del norte; hubo poetas en el norte, Byron, Shelley, que soñaban con las bocanadas del trópico. Entre tanto, como las notas de un largo "adagio", las amarillentas hojas, que estas dispersas reflexiones provocaron siguen cayendo en melancólico silencio. Con su usual lánguida elegancia, el otoño agoniza a las orillas del Potomac.

La pesadumbre de los Reyes Magos

Por un ataque de bondad divina, y ante la insistencia de los reyes magos, Dios les otorgó finalmente permiso para que volvieran a la tierra a visitar la tierra santa y comprobar las bondades que Jesús de Nazaret había derramado sobre los hombres.

Llenos de entusiasmo, los tres personajes legendarios dieron con su sandalias en una tierra que se llama Iraq y trataron de dirigirse a Belén. Muy pronto un jeep lleno de gesticulantes soldados los detuvo. El teniente les pidió que se identificaran. Los visitantes no tenían papeles y ni siquiera comprendían que era ese carro metálico que andaba sin caballos. El teniente los iba a arrestar, pero la expresión ingenua y beatífica de los ancianos lo conmovió y les señaló el camino hacia Israel.

Apenas habían emprendido el viaje cuando un trueno fulgurante voló rápido por sobre sus cabezas. "¡La estrella... la estrella! que nos va a conducir", gritaron conmovidos los reyes. "Eso no es una estrella", les dijo ceñudo el teniente, "es un avión israelí que va hacia el Líbano". "A buscar los famosos cedros", comentaron los reyes, "No a bombardear al Líbano", le respondió secamente el teniente al montarse en el jeep.

Un poco vacilantes, los reyes siguieron su camino hacia Israel. En la frontera fueron detenidos y se les volvió a exigir papeles. Los pobres reyes sólo hablaban de Belén y de Nazaret. Igual que el teniente iraquí, el capitán israelita se conmovió y les indicó el curso a seguir.

"Vayan con cuidado que los terroristas palestinos están en todas partes", les aconsejó.

"¿Los palestinos se han sublevado contra Roma?", demandó Melchor. "No" respondió el capitán "El imperio romano ya no existe. Los palestinos combaten a Israel". "Ah", comentó Baltasar, "entonces los palestinos no se han convertido al cristianismo". "No, ni ellos ni nosotros. Los palestinos son musulmanes y creen en un dios que se llama Alá".

¿"Y entonces donde podemos encontrar a los cristianos?".

"Bueno el jefe de los cristianos reside en Roma. Pero los cristianos están en casi todas partes".

"Seguramente los cristianos viven en paz y no participan en ninguna guerra", comentó alborozado Baltasar.

"No", le respondió el capitán, "los cristianos se han hecho la guerra innumerables veces. Hoy en día se la están haciendo en Irlanda. Por otro lado, la más poderosa nación del mundo es cristiana y está apoyando a Israel".

"Entonces los musulmanes apoyan a los palestinos"
afirmó Melchor.

"No, no todos, hace unos meses la más poderosa nación cristiana bombardeó a Iraq, una nación musulmana, para proteger a otras naciones musulmanas a las cuales Iraq había invadido".

A lo lejos retumbaron explosiones y tanques armados cruzaron frente a los atónitos reyes.

"Miren", les dijo el capitán israelita, "yo voy rumbo a Jerusalén, y los puedo dejar bien cerca".

"¿Hay paz en Jerusalén?", preguntó suavemente Baltasar.

"Bueno hay una paz relativa, el ejército de Israel protege toda el área. Pueden venir conmigo si quieren".

"Gracias" dijo Melchor, "pero nosotros buscamos la paz permanente, la que quiso traer al mundo un niño que visitamos y adoramos hace años".

Todo tiene su tiempo

Entonces el capitán los saludó y se fue raudo en su armado coche metálico. Los tres amigos juntaron las palmas y miraron al cielo. Y Dios los alzo a su mundo celestial.

Y dice la leyenda que esa madrugada el rocío tenía un leve sabor a llanto.

Hamlet y la justicia de hoy

Reina: Oh, ¡que acción tan sangrienta e imprudente!
Hamlet: —¡Sangrienta madre!, casi tan mala como matar a un
            rey y casarse con su hermano!

Act III, Escena IV

Hace poco, el *Nuevo Herald* publicó que en Washington, capital de una nación donde el crimen cotidiano es el más urgente de los problemas, un grupo de ilustres juristas se había constituido en tribunal para juzgar la culpabilidad del más conocido personaje de Shakeaspeare, Hamlet, príncipe de Dinamarca, acusado de haber asesinado a un inofensivo cortesano llamado Polonio.

El tribunal rechazó la tesis de la defensa basada en la supuesta locura de Hamlet y declaró culpable al acusado. La condena, naturalmente, se proclamó en ausencia y su aplicación se pospuso regocijadamente "sine die".

A pesar de la ficción literaria, la severidad de la sentencia incita a comparar lo ocurrido en Washington con lo que está ocurriendo en otros juicios reales. Hace poco, dos jurados no lograron ponerse de acuerdo para condenar a los hermanos Menéndez, quienes confesaron haber ametrallado a sus padres mientras dormían. Más de una Lorena Bobbit ha salido libre tras cercenar la virilidad de su esposo o compañero y el primer juicio de O. J. Simpson sacudió a la dividida sociedad norteamericana.

La diferencia entre esos episodios jurídicos, el ficticio y los verdaderos, se debe, a mi juicio, a que en Washington, donde Hamlet no estaba presente para conmover al público, los magistrados juzgaron el caso de acuerdo con las estrictas normas de Derecho y no se dejaron llevar por despliegues emocionales o simbolismos sociales. En casos reales no siempre ocurre lo mismo.

¿Que ocurriría, por ejemplo, si un Hamlet moderno, con los recursos económicos de la corona Danesa, decidiera defenderse?. Seguramente que lo primero que haría sería buscar a una abogada costosa y sagaz, la cual lograría que en el jurado hubiera por lo menos seis mujeres, vestiría a Hamlet pulcra pero sobriamente, y se aseguraría de que en su noble rostro hubiera siempre huellas de arrepentimiento.

Luego haría desfilar a doscientos psicólogos que dieran testimonio de todas las represiones y complejos que hervían en la mente de Hamlet. Y entonces desplegaría su argumento decisivo. "Señoras y señores del jurado", alegaría con visible pero controlada emoción, "El caso de Hamlet es otro ejemplo del crimen más atroz y oculto de nuestra sociedad: el abuso sexual. Este pobre príncipe (Hamlet baja la cabeza para que el jurado vea su perfil atormentado), creció en un castillo sombrío bajo maltratos increíbles".

"Su tío abusó física y psicológicamente de él, asesinó a su padre para usurpar la corona, y se casó con su cuñada, la madre de Hamlet, a los dos meses del asesinato".

"Violado, perseguido por el fantasma de su padre que le exigía venganza, herido por la complicidad de su madre, Hamlet creció reprimido y huraño. Incapaz de comunicarse con los vivos, iba a los cementerios a monologar con los muertos y a darle besos a la calavera de un tal Yorick, quien había sido tierno con él cuando niño. Desesperado por establecer relaciones con la bella Ofelia, no logró otra cosa que empujarla hacia la locura y el suicidio".

"Ese es el Hamlet que, tras exponer en una obra teatral el crimen de su tío, fue llamado a la recámara de su madre para ser insultado por ella. La madre adúltera le exigió al hijo abusado que respetara a "su padre", el rey asesino. Al borde de una explosión emocional, Hamlet oye a su madre gritar pidiendo auxilio y escucha que alguien, oculto detrás de una cortina, clama para que venga la guardia y lo arreste".

"Sólo entonces desenvaina la espada y, con la furia de un atormentado, atraviesa a quien se oculta en la cortina. Creía él que era el rey, pero era Polonio, el lacayo del rey.

La abogada hace una pausa y mira a la distancia.

"La espada de Hamlet es la espada vengadora de todos los abusados, es el acero que castiga a los malvados, es el grito de ira de todos los que han sufrido y sufren en silencio la tortura que le infligen los mismos seres que debían protegerlos".

Hamlet solloza de perfil. Las cámaras de televisión diseminan su dolor augusto. Nadie se acuerda de Polonio.

Media hora más tarde, el jurado dicta su veredicto: "not guilty". El Hamlet moderno hubiera marchado libre, sin tener que sufrir "the slings and arrows of outrageous fortune", "los golpes y las flechas de un destino atroz".

La música como esencia y esperanza de Cuba

La comparsa del farol
ronca que roncando va.
¡ronca comparsa candonga
que ronca en tambor se va!

Emilio Ballagas

La curva geográfica del Caribe es como un enorme arco musical que ondula de Veracruz a Tobago. Cuba es el corazón del Caribe. En Cuba el aire vibra con ritmo, y los ciclones ruedan y roncan como comparsa desenfrenada. Nuestros pintores, de Víctor Manuel a Wifredo Lam, hundían los pinceles en el ambiente y los sacaban ardiendo en colores. En Cuba no había silencio. El silencio cubano era escándalo para otros oídos. Para hacerse escuchar en ese ambiente sonoro hay que alzar el tono. Por eso los cubanos hablan a tres decibeles por encima del nivel normal.

El mundo apenas sabía bailar hasta que Cuba se estremeció con el palpitar de los tambores africanos gimiendo en la noche. El llanto era tan rítmico que cautivó a los españoles. En el llanto vibraba la otra dimensión del Caribe: la sensualidad. La música de los esclavos sobrevivió al látigo del amo y se mezcló con la guitarra española para crear una raza mestiza cuya sangre es ritmo. Y el baile una versión vertical de una posición horizontal. Cuba creó una cultura pélvica. En la isla, el erotismo impregnaba a la atmósfera. Como el olor a guarapo, a café y a tabaco. En Cuba, la secuencia que la Iglesia teme, tentación, ocasión y pecado, se reducía a una, la ocasión. Todo el mundo vivía presto a pecar. Por eso los cubanos suelen abrigar sospechas contra la abstinencia sexual. Una persona casta oculta alguna perversión y no es de fiar. Todo cubano se cree profesor en "ars amatoria". En Cuba Freud no hubiera llegado ni al nivel del "médico chino". La libido y el simbolismo sexual que creyó descubrir, eran añeja sabiduría en la isla. Cualquier cubano le hubiera explicado a Freud algunas variaciones de los símbolos eróticos que el viejo Segismundo ni siquiera imaginó.

La cultura pélvica tiene más de remeneo e insinuación que de acción. La provocación y la risa maliciosa bañan e iluminan las acciones. Árida es la Gramática. Pero la imaginación tropical, fecunda en picardías, la puede hacer insinuante. En el Instituto de Santiago de Cuba había una profesora mulata, famosa por su desbordante humanidad, que contrapunteaba sensualmente aun la declinación de las preposiciones: "A, ante, bajo... cabe... como". Una mirada maliciosa a la clase y una risa que encendía la mañana.

Ese pueblo voraz y riente, era receptor y manantial de música. De la remota y neblinosa Escocia llegó a la isla el "country dance", traducida como "contradanza", y en la isla germinó en danzas, danzones y sones. Los cubanos cantaban tangos al nivel plañidero de Gardel; música española con acento gallego y corridos mexicanos como si fueran charros. Y todos sabían que las rondas no son buenas, que hacen daño, que dan pena y se acaba por llorar.

En Cuba los guajiros cantaban y los políticos también. Un jefe de policía de dura reputación, Caramés, emergía en un son popular,
"la mato aunque venga el guardia que está en la esqui-
na, ¡caramba! aunque venga Caramés con su pelotón".

Una revolución política se perpetuaba en ritmo en la Chambelona. Y cuando sonaban los bongoses, los pies y las manos adquirían vida propia y todo objeto resonante se volvía instrumento de percusión. Los cubanos no vivían la música, "se vivían" en la música. Bailaban mirando de reojo al público. En las fiestas no había parejas sino artistas que hacían filigranas frente a los espectadores. Y al final se sentaban mirando al público como esperando aplauso.

En ese pueblo, la creatividad musical era perpetua. No pasaba una década sin que la isla estrenara un nuevo ritmo que recorría el mundo. El danzón, el son, la rumba, la conga, el mambo, el cha-cha-chá, nacieron de las calles, del campo, de los solares, de los cajones trasmutados en tambores, de las caderas cimbreantes, de las entrañas del pueblo cubano. Cuando a un famoso bongosero le preguntaron como se aprendía a tocar los bocuses respondió en gran risa "dejando que los dedos bailen sobre el cuero".

Pienso que en ese fontanar de música está una de las llaves de la futura reconciliación. Porque la música es inmortal y está grabada en el alma de todos los cubanos. Y no sigue banderas ni se adscribe a ningún partido. Podrán silenciarla y cubrirla de luto por un tiempo. Pero está ahí latente y presente. Y sus ecos unen como la sangre. El día que pueda resonar libremente, con ritmos viejos y nuevos, habrá una convocatoria popular para disipar sombras y rencores.

Y marchará el pueblo, en libre procesión vivificante, cantando uno de nuestros más memorables himnos

> "yo no quiero flores,
> yo no quiero estampas,
> lo que quiero es virgen
> de la Caridad".

Ese día, el corazón del Caribe volverá a latir con el eterno ritmo del trópico. Y un estremecimiento afectuoso recorrerá las vértebras enormes de los Andes. Porque toda nuestra América habrá recuperado a toda nuestra Cuba.

Bratislava, Napoleón y los vampiros

Seguramente mis lectores avispados, curiosos y cultos, no tienen necesidad de hacer lo que hice yo: buscar diccionarios y mapas para ubicar a Bratislava, la capital de la reciente creada república de Eslovaquia.

Antes de conocerla, el mero nombre me evocaba esas regiones exóticas y oscuras donde ocurrían aventuras memorables, como la de "El prisionero de Zenda", y donde un conde inmortal (literalmente) salía de noche de su sombrío castillo pare ir a sorber las vitaminosas venas de alguna lozana campesina de los alrededores.

Con tales premisas en la mente, podrán imaginarse mi sobrecogimiento cuando al llegar a Bratislava de noche, una noche llena de noche, de lluvia cruel y estremecida por esos truenos que inventó Hollywood para las películas de horror, que ruedan sobre el pavor de los espectadores, me topé nada menos que con el propio Tom Cruise, cuya reciente versión del conde Drácula había sido impresionante. Confieso que al verlo sonreír me pareció que tenía colmillos.

Como no soy supersticioso me reí de los miedos que atribuí a mi esposa y, sólo para tranquilizarla, cubrí de trenzas de ajos la ventana que daba al balcón, llené de crucifijos el cuarto, y me acosté con un martillo y una puntiaguda madera al lado de la cama.

Nunca olvidaré la expresión del camarero que trajo el desayuno, ni el olor antivampiro que quedó flotando por un largo rato en la habitación.

Por la mañana me enteré de que Tom Cruise estaba en Bratislava visitando a su esposa, la bella Nicole Kidman, quien es la estrella de la próxima producción de Stephen Spielberg, "The peace maker", en la cual mi segundo hijo, George (quien motivó nuestro viaje), trabaja como "stunt coordinator" y dirige, con soberana eficiencia, séame permitido añadir, todas las voladuras de carros, explosiones centelleantes y actos riesgosos de la película.

Mucho más tranquilizados, nos dedicamos a explorar Bratislava y sus alrededores. La ciudad es pequeña, bella y ancestral (¿qué ciudad en Europa no lo es?) y aún no ha sido descubierta por la voracidad de los turistas. Paseando a voleo descubrí que allí en el Palacio Primado, en 1805, tras la batalla de Austerlitz, se había firmado la paz entre el victorioso Napoleón y el emperador Joseph II de Austria.

Como guardo una cierta admiración infantil por "le petit caporal" y el campo de batalla no estaba muy lejos, decidimos ir a visitarlo. Es lo menos que le debía a mi pequeña colección de soldados napoleónicos que tengo en casa. Y así, confiados y curiosos, nos fuimos a la estación de tren.

Entonces descubrimos un hecho azorante: los eslovacos no hablan ningún idioma conocido y conocen muy poco lo que otras colectividades hablan. El nombre del pueblo adonde había que bajarse pare ir a Austerlitz, que ahora se llama Slavkov, debió haberme alertado sobre la madeja idiomática que nos esperaba. El pueblo se llama Brno. Por un momento creí que era un error del mapa y que se les había olvidado una vocal. Pero no, el nombre estaba correcto. ¿Cómo se pronuncia Brno? No se pronuncia, se ruge.

En defensa de mi ignorancia, señalo que mis primeros contactos con el lenguaje de los eslovacos disimularon la vastedad del problema. Casi todos los empleados del hotel usaban el inglés. Y digo usaban, porque muchos de ellos usaban unas pocas palabras, lo hablaban, lo usaban. Es decir, decían "please, thank you, welcome", pero como una trilogía, sin distinguir el valor individual de cada vocablo. Por eso, a veces nos sonreíamos cuando alguno de ellos alteraba el breve salmo y decían, en cualquier ocasión: "Welcome, thank you please", o "Please, thank you, welcome".

Al igual que los vascos, los eslovacos viven protegidos por una lengua invulnerable. Los mismos vascos afirman que son buenos y honestos porque, durante siete años, el diablo intentó aprender su lengua, fracasó y los dejó en paz.

En la estación de ferrocarril, intentando encontrar el tren que nos llevara a Brno, traté vanamente de comunicarme con los eslovacos en inglés, francés, español, o alemán, del cual sólo balbuceo un puñado de palabras. Todos me miraban con igual pasmo, y procedían a emitir sonidos tan ininteligibles como seguramente le sonaban los míos a ellos.

En esa situación casi kafkiana el intercambio de información era imposible. El idioma como expresión de ideas había perdido sentido y era preciso acudir a la más primitiva de las comunicaciones: los gestos. Pero los gestos también se estrellaron contra peligrosas expresiones de ignorancia. Y digo peligrosas porque un tipo creyó comprendemos y nos arrastró hasta un tren que se iba para Varsovia, mientras otro nos empujaba hacia un vagón que decía "Moscowa".

A pesar de ese desconcierto, logramos encontrar el tren apropiado (siguiendo a un individuo que conocía algunas expresiones italianas) y logramos llegar a Brno, y luego a Austerlitz, la batalla modelo de Napoleón.

Afortunadamente, como no se han construido avenidas ni pueblos, el panorama debe ser casi igual al que vio Napoleón. Nada impide, pues, desplegar la imaginación y visualizar el encuentro de los ejércitos que allí combatieron, francés, ruso y austríaco.

En Austerlitz, una vez más, di con otro rasgo que apunta a la ironía o a la necedad de la historia humana. Hay allí un monumento, en forma de pirámide, erguido cien años después de la batalla, en el cual están grabadas las promesas de los tres gobiernos envueltos en aquel sangriento combate, de nunca jamás acudir a la guerra para resolver problemas políticos.

Pero, como solía decir Hegel "la única lección de la historia es que nadie aprende las lecciones de la historia". Diez años más tarde, las tres naciones que batallaron en Austerlitz estaban haciéndose de nuevo la guerra.

Al anochecer volvimos a la bella y pequeña Bratislava. Para entonces ya yo sabía decir *"thank you, please, welcome"*.

El engañoso «arte de envejecer»

E l texto de un antiquísimo papiro egipcio describe una especie de receta para teñir el cabello y rejuvenecer la faz. Basada en colmillos de cocodrilo y plumas de ibis, la prescripción no parece muy aplicable hoy, pero el papiro demuestra que los antiguos egipcios andaban tan preocupados como nuestros coetáneos por evadir los estragos del tiempo. El horror al avance de la vejez, es, valga la paradoja, tan viejo como la humanidad. El lamento por su llegada encuentra expresión en casi todos los idiomas. "¡Ah!", clamaba en la Roma antigua el erótico Ovidio, "ya llegan las arrugas que han de cavar tu cuerpo". "Divino sería cerrar las puertas a la vejez", soñaba en el Japón un anónimo poeta.

Las fórmulas para conjurar a ese insidioso enemigo que se desliza por los rincones del cuerpo y parece avanzar hacia las emociones, varían con las culturas y las épocas. En la China clásica se creía en el poder rejuvenecedor de las hojas de loto masticadas lentamente en noches de luna. Los doctores modernos practican la cirugía plástica y recomiendan ejercicios físicos y actitudes mentales.

"La vejez es un estado mental", nos aseguran, "piensa como joven y te sentirás joven". Oponiéndose a esa premisa alentadora se yerguen los crueles espejos y el creciente peso de la declinación. "A mi edad, me decía un amigo, cuando me despierto y no me duele nada creo que me he muerto". Lo que ocurre con ese supuesto "arte de envejecer" es, primero, que existe una minoría selecta de mortales que, porque sus genes se lo permiten, envejecen noblemente. De ahí que cada vez que a Cary Grant le preguntaban por el secreto de lucir tan bien a los ochenta el actor respondía sonriente: "Lo primero es escoger bien a los padres" .

En segundo lugar, hay razones de peso (y de pesos), para que poderosas compañías ensalcen el sueño y la posibilidad de mantenerse joven y ganen fortunas vendiendo cremas y tratamientos que posponen la llegada del invierno biológico.

Lo cual resulta más fácil porque interiormente nosotros no nos sentimos viejos y nos creemos en la plenitud de nuestras funciones. Esto nos lleva a hacer retroceder la frontera de la vejez. Es decir, a los 15 creemos que quien pasa de 30 es un viejo; a los 30 nos damos cuenta de que la vejez no comienza sino a los 60; y cuando, de pronto, llegamos a los 60, nos consolamos con la idea de que los 80 si marcan el inicio de la vejez.

Y digo "de pronto", porque una de las más crueles tomas de conciencia que traen los años es, precisamente, cuando vemos lo rápido que se deslizan. Peor aún, caemos en la cuenta de que mientras más vivimos, más rápidos pasan los años de nuestra vida. Lo cual es, a primera vista, sumamente injusto. Porque debería ocurrir exactamente lo contrario, que mientras menos años nos queden más despacio comiencen a pasar.

Pero el tiempo se fuga a ritmo cada vez más acelerado. En edad escolar, por ejemplo, el tiempo de septiembre a diciembre, del comienzo de las clases a las vacaciones de Navidad parecía eterno. En la Universidad comenzamos a notar que los meses de septiembre a mayo, época de exámenes finales, se iban volando. Y más tarde, con creciente pasmo, nos demos cuenta de que apenas terminamos de celebrar el rostro juvenil de un año nuevo cuando ya nos muestra su faz desolada por el tiempo.

No queda, pues, sino inventarnos soluciones y mantenernos alertas, creando proyectos que nos entusiasmen. Tal lección la aprendí temprano cuando en la universidad de Georgetown, conocí a un coronel de setenta años, retirado, que se había matriculado para aprender griego. Cuando le pregunté la razón, se sonrió bellamente y me dijo que no quería morirse sin leer a Homero. Y se graduó cuatro años más tarde, cuando ya podía leer la Ilíada. A mi felicitación respondió "aún me queda mucho por aprender... no quiero morirme sin saber alemán". Y se fue feliz con su proyecto.

Y tiempo de pensar

Pensar es, a veces, un juego peligroso.

Bertolt Brecht

Martí y la república inalcanzable

A caso no sea cierto aquel amargo verso de Oscar Wilde, escrito en la doble penumbra de su celda, sobre el que toda persona mata lo que ama, los valientes con la espada, los cobardes con un beso. Pero bien sabido es que un amor caudaloso puede ahogar a la fuente que lo genera.

Lo cual recién me vino a la mente oyendo a un panegirista de Martí. Bajo el torrente de citas martianas, se me ocurrió pensar que el proclamado amor de los cubanos por el Apóstol de frente marmórea y ojos profundos, había sepultado a José Martí Pérez, al hombre de carne y hueso que nació en la Habana y murió en Dos Ríos; quien vivió entre espinas sin odiarlas y todo lo dio por un ideal, pero que también supo de la soledad interna, del fracaso familiar y del precio que se paga por amar demasiado.

Pero de ese Martí es difícil hablar. Mejor es siempre el otro, el genio, el místico, el intachable, el apóstol que remontó vuelo sobre la historia y orientó a su pueblo y con su sangre fecundó a un continente. Frente a ese Martí, la biografía se vuelve hagiografía y la crítica sacrilegio.

Y, sin embargo, la contradicción entre lo soñado por Martí y la realidad cubana fue siempre abismal. Apenas cinco años después de su muerte, tropas extranjeras, cuya llegada lo habían desvelado en vida, velaban su tumba. En el centenario de su nacimiento, en 1953, la república se enlutaba tras la sombra de un golpe de estado que abría un horizonte de violencia. Ahora, en el centenario de su muerte, Cuba yace exhausta, sometida por la tiranía más larga de la historia, mientras miles de sus hijos viven esparcidos por todos los vientos.

Frente a esa evidencia, es inevitable preguntarse: ¿Y si fue tan magno el Maestro, cómo es que andan tan perdidos sus discípulos? ¿Por qué siguen los cubanos transitando el desierto, musitando versículos martianos, sin que sus plantas pisen las suaves llanuras de la tierra prometida?. ¿De quién es la culpa, del maestro, quien no supo forjar mejores discípulos o de los discípulos que renunciaron a pensar por sí mismos para seguir prendidos del sueño trunco del Maestro?

Preciso es formular tales preguntas. No para cubrirse de cenizas la cabeza, ni para provocar a las trompetas del fácil patriotismo, ni para que nadie asevere con profundo acento que ésta no es la hora de plantear tales temas. Porque ¿cómo ha de hacerse el futuro sino replanteamos en serio el presente? ¿Hasta cuando hemos de posponer el conocer mejor nuestra crisis con una cita de Martí o repitiendo que nada puede ser peor que Weyler, o que Magoon, que Machado, Batista, o Castro? ¿Por qué no examinar y revaluar esa "nada" ahora, antes de que el futuro también se vuelva "nada"?

Toda nuestra historia, incluyendo la obra de José Martí, tiene que ser escrutada para encontrar las razones de ese ahogar a Martí bajo un amor parasitario que lo convierte en guía perpetuo y, por tanto, en perpetua medida de nuestros fracasos. Las raíces de ese depender de Martí, en vez de depender de nuestro propio esfuerzo han de ser analizadas.

Una vez, Roberto Luque Escalona clavó en mi presencia una estremecedora pregunta. ¿Qué imagen de Martí puede abrigar un joven cubano trabajando a pleno sol, doblado sobre la desesperanza, sobre cuya cabeza ondea un letrero enorme que dice "¡Martí lo soñó y Fidel te lo dio!". ¿Cuál será el resultado de esa simbiosis entre el sueño pasado y el látigo presente?

Por ahí podríamos comenzar a examinar los factores de esa extraña ecuación de amor y muerte, para diferenciar la lección ética de Martí de su lección política. Porque la primera es casi impecable, pero la segunda se quedó en esbozo. Y es posible que, deslumbrados por la ética martiana, los cubanos hallamos terminado por creer que todas sus sugerencias políticas han de ser también perfectas.

Una confusión que, además, nos ahorraba el trabajo de aprender por nosotros mismos las terribles dificultades del camino que emprendíamos sin Martí. Porque la severa frase de Martí a Máximo Gómez de que un pueblo no se funda como se manda a un campamento, es tan cierta como la que pudiera haberle respondido el General, y es que tampoco se puede fundar una república sobre un puñado de nobles frases sobre la justicia y la democracia.

Tal búsqueda de razones es sólo un comienzo, pero es un comienzo que empieza por exonerar a Martí de lo que nosotros quisimos ver en él, de lo que cada generación ha creído ver en él, y de lo que ocurrió después de su muerte.

Que si hubiéramos aprendido de verdad lo que Martí enseñó con su vida: que el sueño suaviza pero no altera las duras aristas de la realidad, seríamos hoy probablemente menos fragorosos martianos pero muchos mejores ciudadanos. Lo cual hubiera sido el mejor homenaje rendido a su memoria. Y tal vez aún estaríamos en Cuba, forjando, callada y colectivamente, no la república ideal sino la república posible.

De cómo no disputar la grandeza de Fidel

No sé por qué, la imagen de Fidel Castro en su reciente viaje me trajo a la mente un encuentro que tuve en la Universidad de Georgetown cuando, hace un par de años, iba a hablar sobre la Revolución Cubana. Un pequeño grupo de latinoamericanos se me acercó y con un tonillo de irónica insolencia me anunciaron que venían a oír "lo que iba a decir de Fidel Castro un cubano contrarrevolucionario".

"Tal vez se sorprendan" les comenté. "Voy a iniciar mi charla afirmando que, a mi juicio, Fidel Castro es el líder más grande que ha dado la América Latina".

El pasmo esfumó las sonrisas.

"Respetando caracteres y nacionalidades", les añadí, "es posible afirmar que Bolívar, San Martín, Sucre y todos los "liberadores" de nuestro continente no le llegan al tobillo a Fidel".

"Oiga", atinó a decir uno de ellos, "tampoco hay que exagerar",

"Pero yo no exagero", le dije "¿en definitiva qué hizo Bolívar?

"Arrastrándose hacia el exilio, enfermo y lacerado, él mismo dio la respuesta, había "arado en el mar". ¿Y San Martín?, exiliarse en Francia y negarse a volver jamás a la Argentina. ¿Y los demás? Los demás fragmentaron el continente creando repúblicas sin ciudadanos y constituciones que terminaban siendo pasto para los caballos de los caudillos. Y, al final, todos esos caudillos de resonantes títulos, "El Supremo", "El Benefactor", fueron más efímeros que el polvo que dispersa el viento en las desérticas faldas de los Andes."

El grupo desplegó crecientes síntomas de indignación, pero no les di oportunidad de protesta.

"En cambio", proseguí, "¿que ha hecho Fidel? Fidel ha hecho de todo. Y en todo ha recibido aplauso. Y todavía está ahí en el poder. Fidel estremeció a Latinoamérica con sus guerrillas y obligó a todos los países a sacrificar tiempo y dinero, y cuarenta años más tarde presidentes y pueblos lo tratan con respeto. Desafió al norte y quiso aniquilarlo con la cohetería soviética; y cuando ahora lo visita, las cadenas de televisión se derriten bajo su encanto. Cerró los colegios católicos, expulsó a curas y monjas, arrestó a muchos sacerdotes, impuso el ateísmo como la única verdad; y cuando va a Roma ni un índice se alzó acusadoramente. Ha insultado múltiples veces a la Organización de Estados Americanos; y la organización clama por su presencia".

"Recuerden que Fidel lanzó la única expedición militar que ha salido de la América Latina. Sus tropas llegaron a Angola y a Etiopía, y si no es porque a los soviéticos les temblaron las rodillas y algunos pueblos africanos, como el de Eritrea, no entendieron su mensaje, Fidel hubiera ocupado el trono milenario de Halie Helassie. ¿Se puede ir más lejos partiendo de Birán, en Oriente, Cuba.?"

"Si hubiera podido aplicar sus planes, Fidel hubiera revolucionado a México barriendo la costra corrompida del PRI y eliminado ese jugar a ser izquierda en el exterior y ser todo derecha en el interior. Desde luego, su victoria hubiera evaporado todas las libertades "burguesas" y hubiera extendido sobre México la vieja miseria de los campesinos de Chiapas."

"Según el mismo confesó una vez, en España, donde es tan popular, Fidel hubiera aplastado en diez días a los separatistas vascos y catalanes; establecido una Inquisición atea para quemar creyentes y, en caso de encontrar resistencia, se hubiera proclamado Califa y llamado a sus amigos árabes para que restablecieran el orden en España."

"Tales cosas no pudo hacer porque le fallaron los pueblos. En Colombia, por ejemplo, donde las montañas son más altas que en Cuba, un cura siguió el ejemplo de Fidel y se alzó en armas. Seis meses más tarde cayó abaleado. En Bolivia los campesinos se mostraron sordos a las llamadas del Che. En casi todas partes sus guerrillas fueron derrotadas. Y aun el pueblo ruso se sacudió de encima el poder comunista."

"¿Y ustedes. saben por qué Fidel ha llegado tan lejos?", añadí. Los estudiantes seguían ceñudos y silenciosos.

"Porque Fidel se ha mantenido leal a sus convicciones y no altera ni una coma de ellas. Como Calvino y Maquiavelo, Fidel cree firmemente que los hombres tienen vocación al mal, que el odio es más fuerte que el amor, que la envidia aplasta a los que quieren distinguirse, y que el miedo es el más calmante de todos los sentimientos. "

"Por eso, mientras otros líderes apelan al sentimiento, Fidel apela al resentimiento. Sus palabras sobre los pobres son siempre un pretexto para fomentar el odio a los que no son pobres. Él, que ni sabe ni puede eliminar la miseria, sí puede hacer igualmente miserable a todo el pueblo, critica todas las soluciones, pero no dice que su solución no es mejorar a los que nada tienen sino quitarle todo a los que tienen algo. Así impuso en Cuba la socialización de la miseria y la igualdad del hambre. Lo cual tiende a eliminar la envidia. De ahí su negativa a hacer reformas y sus esfuerzos por mantener a los cubanos alejados de los centros turísticos, para que no caigan en la horrible tentación de esforzarse en mejorar sus vidas".

Así concluí y me quedé esperando por algún comentario o pregunta. Pero los tipos se miraron entre sí, hicieron gestos negativos y se fueron musitando discusiones.

Y ninguno asistió a mi clase.

La *jettatura* de Fidel Castro

Si como dicen, Fidel Castro está enfermo y amenazado por ocultos e insidiosos males, lo disimula con solícito esmero. Los que pronosticaron su pronta partida de este valle de lágrimas deben haber sufrido una comprensible frustración.

En París el comandante lució como un burgués un tanto cauteloso y pausado, pero próspero. Una leontina de oro sobre el vientre hubiera completado la transformación de su imagen de revolucionario a plácido banquero, en busca de productivos contactos. Si en la comida, "chez Mitterrand", alguien hubiera tenido el mal gusto de erguir junto a Fidel una pancarta del "Che" Guevara, el contraste hubiera sido detonante. ¡Qué distancia entre el esquelético grito del "Che", "¡Hasta la victoria siempre!" y ese brindis sin palabras que emanaba del champán, "La Revolution est mort!, Vive la Bourgeoisie!".

El comandante, sin embargo, sí está enfermo, no de un mal que padece sino de un mal que transmite. Ese extraño mal, traducido en una capacidad involuntaria de esparcir desgracias, fue conocido en Italia, desde antes que los misteriosos etruscos lo mencionaran en sus tumbas. Hoy en día los italianos lo llaman "jettatura".

El tipo que tiene "jettatura" exuda mala suerte. Él no la sufre pero la emana. Los amigos que lo saludan en un casino comienzan a perder instantáneamente. Quien lo monta en su coche ha de sufrir grave accidente. Quien lo asocia a su negocio quiebra. La mejor comida del mundo tuerce el estómago si se ingiere en su compañía.

177

Virgilio, quien tenía la videncia de los grandes poetas y vislumbró a los culpables de su mala fortuna, decía que había hombres que caminaban con una nube oscura sobre la cabeza; "donde ellos van va la tormenta", advertía el poeta. Los gitanos de Granada reconocen desde lejos a los jettatores y saltan fuera de su camino haciendo signos y musitando reniegos.

Fidel es un "jettatore". Su historia señala que por donde Fidel pasa no quedan amigos. Sus compañeros del ataque al Moncada sufrieron el sangriento impacto del fracaso, él salió ileso. Durante la lucha contra Batista, todas las conspiraciones y asaltos a la dictadura, desde la rebelión naval en Cienfuegos hasta el asalto a Palacio, terminaron en descalabros. Fidel bajó de la Sierra, sin un rasguño, dejando detrás los cadáveres de luchadores como Frank País.

La "jettatura" continuó en el poder. A los pocos años de la victoria, Camilo Cienfuegos y el "Che" Guevara habían abandonado esta tierra; el Comandante Félix Pena se había suicidado, y Hubert Matos languidecía en prisión. Haydeé Santamaría se suicidó temprano, Osvaldo Dorticós la siguió más tarde y Celia Sánchez sucumbió luego.

Mientras tanto, Fidel Castro expandió su fatídico poder fuera de Cuba. El primer abrazo "revolucionario" se lo dio en 1961 a Sukarno de Indonesia y a Ben Bella, el líder argelino. Unos meses más tarde Ben Bella caía en prisión definitiva. Sukarno terminó sus días preso en su casa, balbuceando necedades.

Tras ellos cayó una impresionante lista de guerrilleros latinoamericanos, a quienes Castro había invitado a Cuba o abrazado "revolucionariamente": el guatemalteco Yon Sosa, el peruano Luis de la Puente Uceda, el sacerdote colombiano Camilo Torres, el brasilero Carlos Marighela, son nombres que acuden a la mente..

Cuando Salvador Allende salió electo en Chile e inauguró su "vía pacífica" hacia el socialismo, lo primero que hizo, desoyendo el consejo de algunos hechiceros mapuches, fue invitar a Fidel Castro a que lo visitara. En Diciembre de 1971 Fidel fue a Chile y estrechó fervorosamente al nuevo presidente. Año y medio más tarde Allende pagaba caro ese cariño. En 1973, un golpe militar tronchó su gobierno y su vida.

Cuando Castro aspiró a ser líder de los *Países No Alineados*, su trayectoria fue devastadora. Muchos de los líderes del *Tercer Mundo* que lo apoyaron no sobrevivieron dos años a su expresión de confraternidad. Indira Ghandi, por ejemplo, fue asesinada por su propia guardia cuando aún le duraba el cálido abrazo de Fidel.

La lista es estremecedora. Y no ha llegado a su final. ¿Quiénes se destacaron últimamente como leales amigos de Fidel Castro?. El presidente venezolano Carlos Andrés Pérez, los hermanos Ortega en Nicaragua, Felipe González en España y Carlos Salinas de Gortari en México. Todos ellos, menos Felipe González, han sido barridos por el huracán de la "jettatura" fidelista. Y aun Felipe González perdió lo que más le gustaba: el poder. Y como siempre, mientras sus amigos se debaten frente a desastres físicos y políticos, Fidel pasea su inmunidad por el mundo.

El viejo Mitterand, quien sabe si conociendo la reputación de "sorcier" de Fidel, ni lo abrazó ni se mostró muy cordial durante la visita de Castro. Pero ni eso lo salvó de la jettatura. Poco tiempo después Fidel volvía a París a saludar a la viuda de Mitterand.

El fabuloso y nunca imaginado regalo de Fidel a España

"Para la Inquisición en España, tengo
yo en mi corazón, un lugar todo prisión,
fiero, enfermo, infiel, con saña".

El Máximo Líder.

Bajo la creciente miseria que lo circunda, Fidel ha encontrado en sus raíces una fenomenal escapada hacia la historia. Más celtíbero que cubano; Castro ama a la España feudal de sombríos castillos y derechos de pernada, sueña con el Cid torvo y despótico de las mocedades, y abriga una especial devoción por Torquemada.

La proximidad de otro aniversario del descubrimiento de América le estimuló la imaginación en busca de un regalo magnífico y único para la España conquistadora que él añora. Tenía que ser un gesto tan soberbio que sirviera también de signo personal a su grandeza y le reservara un nuevo papel en el futuro.

Por un tiempo padeció de arrebatos faraónicos y pensó en alzar las pirámides en Baracoa. Movilizó a sus legiones de trabajadores "voluntarios" y comenzó las obras. Pero pronto perdió el aliento. El trabajo era largo y, además, los egipcios, los mayas y los aztecas habían construido pirámides y le habían hurtado la originalidad.

Los Arcos Triunfales pululaban en el mundo, los monumentos eran repetitivos, las salutaciones no bastaban. Desconcertado, Fidel pidió consejo a sus consejeros. Pero sus amaestrados ministros saben obedecer órdenes no sugerir ideas. Uno de ellos osó balbucear que, a manera de saludo, se podrían enviar tres carabelas a España: la primera de las naves se llamaría "Socialismo", la segunda "O", y la tercera "Muerte". El desdichado dio con sus huesos en una Granja de Rehabilitación. Los demás consejeros se sumieron en un inexpugnable silencio.

Entonces Fidel dio con una idea tan genial y espasmódica que él mismo se deslumbró. Enseguida movilizó a sus subordinados y comenzó la gigantesca y delirante operación homenaje.

Tres años lleva el régimen laborando así, arduamente, en alcanzar la realización del sueño fidelista. Pero ya la obra insigne está al culminarse. Muy pronto el mundo ha de quedar estupefacto ante la sin par grandeza de Fidel.

Si todo marcha de acuerdo con los planes, en octubre de 1998, los reyes de España, y una gran comitiva de políticos e intelectuales, van a ser invitados a Cuba. Cerca de las costas de Baracoa, la flota será puesta en fila expectante, y el Gran Líder abordará la nave capitana. Desde su puesto de mando Fidel hablará entonces resonantemente por resonantes altavoces.

"Sus Majestades, ilustres invitados, ante ustedes está el acontecimiento más increíble de todos los siglos, el mejor homenaje que España haya recibido jamás. Prepárense para una sorpresa megalodinámica... Gracias al ingente y supremo esfuerzo de nuestro régimen, gracias a nuestro diario sudor y sacrificio, nosotros hemos vencido a la historia para ofrecerles un espectáculo sin precedentes... Señores, he aquí: "¡La isla de Cuba en la misma situación que la encontró Colón!".

Los atónitos visitantes desembarcarán entonces en una isla sin coches ni aviones, sin electricidad ni bicicletas, sin trenes ni teléfonos. Y verán a los cubanos con primitivos taparrabos, habitando circulares bohíos, comiendo casabe y jutía, y bailando areitos bajo la permanente música de los Comités de Defensa de la Revolución Taína.

"Señores", concluirá el Gran Comandante, "en Cuba culmina la síntesis dialéctica del marxismo, aquí puede verse a dónde conduce el socialismo y cómo se inicia el capitalismo. Nosotros hemos avanzado vigorosamente hacia el pasado, para regalarle a España y al mundo el futuro. Aquí está la tesis del "feliz salvaje", ahora se iniciará la antítesis del colonialismo, luego llegaremos de nuevo a la síntesis revolucionaria y a otro Fidel Castro. ¡Viva Diego Velázquez!, ¡Adelante españoles, que Cuba premiará vuestro heroísmo!"

Los cubanos rodearán entonces a los visitantes y les regalarán conchas y tabacos. Y Fidel fundará oficialmente el primer pueblo de la isla y le llamará Baracastro.

El más efímero partido del exilio

No hace mucho topé con mi amigo Ñico Fritura, a quien hacía largo tiempo no veía. Filósofo de hondo criollismo, Ñico me instó a que fundara un grupo político porque "en el exilio el que no tiene un grupo está como Pedro Navaja, no está en nada".

Confieso que me mortificó el comentario. No por la comparación con Pedro Navaja, sujeto a quien guardo hondo respeto, ni porque abrigue aspiraciones políticas, sino porque me sentí marginado en esta comunidad erizada en cofradías. Decidí, pues, ensayar mi magnetismo caudillista y convocar gente a mis banderas.

La primera reacción fue deprimente. Los pocos mortales a quienes les apunté la eventualidad de mi liderazgo, dieron en abierta risa, dejándome bien amoscado. Mas luego caí en la cuenta de que para fundar un grupo en el exilio tenía yo la condición básica: estar dividido. Mi ocasional esquizofrenia, con sus dos "yos" en perpetuo desacuerdo, me bastaba para alzar pendón de enlistamiento. Con renovado fervor procedí a redactar mi primera proclama.

"Nosotros", anuncié solemne, "somos un grupo nuevo" (claro que me refería a la frescura ideológica, no a la venerable edad de los dos miembros de mi grupo), "que trae una visión futura del futuro cubano y repudia todas las flacas y falaces frases que le han propinado al exilio durante más de 30 años".

"Nuestra fuerza está en nuestra originalidad. De ahí que, con la firmeza de no repetir consignas, pregonamos, con ecos de la

Demajagua, que la patria es ara y no pedestal y que solo la verdad nos pondrá la toga viril".

"Siguiendo la norma que obliga a todo grupo político del exilio a trompetear de inmediato a lo que se opone, puesto que a nadie le interesa lo que propone, proclamamos nuestro primer anatema.

"Estamos total e irrevocablemente contra el diálogo.

"No contra el diálogo con Castro o sin Castro, sino contra el diálogo en sí mismo. En todo diálogo late un alevoso fragmento de insidia, contenido en el prefijo 'di', de la palabra 'diálogo', el más nefasto prefijo de toda la lengua castellana. Al punto que, seguramente, fue un término insertado por los comunistas en nuestro inmaculado idioma.

"Obsérvese que si al verbo 'ablar' (que así se escribía 'hablar' en la época del Arcipreste) le añadimos el susodicho prefijo 'di', se trasmuta en 'diablar', derivado de 'diablo', con lo cual queda ya bien demostrada la inherente maldad del prefijo.

"Si a una 'visión' idealista del futuro le injertamos delante el 'di' funesto, la transformamos en una 'división' del futuro, en una siembra de cizaña divisionista y camorrera. Parejamente, el mismo prefijo transforma el noble 'sentir' en un 'disentir' permanente y estéril. Y hace que una 'versión' seria de la historia se convierta en una 'diversión' ridícula.

"Finalmente, conviene recordar que la familia real inglesa flotaba majestuosa en la historia, hasta que, por amor o maldad, un príncipe se casó con una dama conocida por 'Di', y desde entonces no han llovido más que infamias y escándalos sobre la atribulada casa de Windsor.

"Por eso, alertas al riesgo que encubre el alevoso 'di', en nuestro grupo todo el mundo 'aloga' o 'siente', pero nadie 'dialoga' ni 'disiente'.

"A quien crea que esto de los vocablos es trivial asunto de gramática, le señalamos que el uso y conocimiento de ellos es clave para entender nuestro trágico proceso histórico.

"Recuérdese que, por ignorar su trascendencia, desde 1898 nos hemos dejado arrebatar prefijos decisivos. Cuando nos declaramos 'independientes', los españoles lograron sustraernos el 'in', y nos dejaron 'dependientes'. Luego los norteamericanos nos quitaron el 'de' y nos quedamos 'pendientes'. Y, finalmente, los comunistas nos socializaron el 'pen' y nos dejaron con los 'dientes' pero sin válida ocasión de usarlos".

"Es, pues, deber de todos aferrarnos a la pureza de nuestros vocablos para no permitir nuevas y dolorosas extirpaciones a nuestra soberanía idiomática. Si perdemos el 'di' de los 'dientes' que nos quedan, pasaremos a ser 'entes' sin destino ni patria".

Así resonaba mi flamante proclama. A la segunda lectura, sin embargo, comprendí que Dios no me había llamado por el camino de la política. Enfundé mi esquizofrenia y disolví calladamente al grupo.

Con todo, si me vuelvo a encontrar con Ñico Fritura, desearía tener mejores razones que ofrecerle cuando me pregunte si sigo en la solitaria órbita del honorable Pedro Navaja.

Martí y Oscar Wilde

En enero de 1892, un joven poeta inglés arribaba a Nueva York a proclamar un nuevo credo estético del cual era él supremo ejemplo y reconocido adalid. Óscar Wilde tenía 27 años, había publicado una esmerada colección de poemas y comenzaba a hacerse famoso por su peculiar talento para el aforismo agudo y la ironía cortante. Cuando en la aduana le preguntaron si tenía algo que declarar, respondió con irónica arrogancia: "Sólo mi talento".

En Chikering Hall, donde fue a dar su primera conferencia, vistió con afectada elegancia y habló con voz sonora y depurado acento británico. Dijo que la renovación del arte está en el arte mismo, que lo único inmortal es la belleza y lo único inmoral es la vulgaridad; que el culto a lo bello inaugurado en Grecia es la salvación del hombre y que los artistas, sacerdotes de ese culto, deben escaparse a lo irreal para ennoblecer la verdad. "El verdadero arte no copia la vida, es la vida la que copia al arte". Incitó a los norteamericanos a aprovechar la ausencia de anquilosadas tradiciones nacionales para desplegar su libertad creadora, los previno contra el sórdido mercantilismo que reinaba en Inglaterra y que obligaba a sus mejores poetas a emigrar hacia las cálidas tierras del Mediterráneo, y les predijo la necesidad de elevar su capacidad estética porque "el arte nunca debe ser popular, es el público el que debe aspirar a ser artístico". Al concluir inclinó levemente su ya famosa cabellera y aceptó con lánguida elegancia el aplauso de la concurrencia.

Perdido en el público, un joven poeta de 29 años, quien venía de otra cultura escuchó atentamente al artista inglés-irlandés. Semejante a Óscar Wilde ese poeta venía de una isla, Cuba, y había publicado también versos nuevos en los cuales destellaba original capacidad creadora. A diferencia de Óscar Wilde, el poeta cubano vestía con la sobriedad de la penuria permanente y vivía entregado a sueños y sacrificios que distaban mucho del ideario puramente estético del joven poeta de Inglaterra.

José Martí escuchó a Óscar Wilde y comentó en dos artículos su charla y su mensaje. Censuró lo excesivo del ropaje y la afectación del gesto, pero aplaudió la noble exaltación de la belleza y, sobre todo, la brava postura de desafiar, sin más arma que el talento. a toda la hosca sociedad de la Inglaterra victoriana. José Martí se sentía llamado hacia otros perentorios desafíos. Tras oír y comentar las aladas palabras de Óscar Wilde, volvió a su fecunda soledad para continuar urdiendo el movimiento político que iba a desatar la guerra por la libertad en su Isla.

No supo nunca Óscar Wilde de la presencia o la existencia de José Martí. De haberlo conocido acaso le hubiera admirado la fina sensibilidad artística, la infinita devoción a un sueño, la mística vocación al sacrifico; "todos vivimos en el pantano", escribiría más tarde Wilde en Inglaterra, "pero unos pocos nos esforzamos siempre por mirar a las estrellas".

¿Y no era Martí un hombre que llevaba en la frente una estrella que le iba consumiendo el alma?

Nunca más supo Martí de Óscar Wilde, entregado como andaba a los dolorosos trajines de la lucha que él, con manos de seda y voluntad de hierro organizaba. Las dos vidas siguieron trayectorias disimiles: Óscar Wilde hacia una escalada de triunfos en Inglaterra y Martí disparado hacia la guerra.

Los dioses, sin embargo habían tejido curiosos paralelos entre esas dos apartadas existencias. Exactamente trece años después de aquel fugaz encuentro en Chikering Hall, los dos poetas llegaron, con enigmática simultaneidad, a la culminación de sus vidas. El 19 de mayo de 1895, galopando hacia una bala española, cayó Martí en Dos Ríos. Ese mismo día, a miles de millas de distancia, Óscar Wilde era abatido por un tribunal londinense que lo condenaba a prisión por pública inmoralidad. Ambos sucumbían bajo el peso de sus respectivos enemigos: la España colonial y la Inglaterra victoriana.

Desde luego, ambos resurgieron de la aparente derrota. Martí para transformarse en Apóstol de un pueblo y guía de un continente; Óscar Wilde para alcanzar sitial permanente en la literatura inglesa. De Martí sobrevivían la vida ejemplar y el enorme talento; de Óscar Wilde sólo el talento.

Y, sin embargo, aun la más fugaz reflexión sobre el extraño paralelismo de ambas trayectorias vitales, deja en los lectores de habla hispana, y especialmente en los cubanos, una nota pesarosa. A pesar de su obra luminosa, Martí apenas si es conocido por una minoría latinoamericana. La obra de Wilde, en cambio, ha sido traducida a todos los idiomas y sus poemas e ingeniosas frases perduran en cien antologías.

Viene al caso la frase de Emil Ludwig cuando leyó algo de Martí: "¡Ah, si Martí hubiera nacido en Europa sería hoy un clásico universal!".

¿Y qué le hubiera ocurrido a Óscar Wilde si hubiera nacido en Cuba? Posiblemente sólo Jorge Luis Borges, aquel genial cazador de sombras y misterios, hubiera logrado desdoblar los pliegues de esa pregunta.

Tiempo de pensar

El anticastrismo y las dudas pélvicas

Como vivo convencido de que la reconciliación nacional del
futuro precisa un esfuerzo presente para superar las heridas del
pasado, (aunque el esfuerzo provoque, a veces, un callado
rechinar de dientes), aplaudo a todo cubano que rompa con el régimen
castrista y se sume a las filas del exilio. Confieso, sin embargo, que
algunas declaraciones de ex-funcionarios del régimen, y de algunos de
sus privilegiados, que recién llegan al exilio, me llenan de estupor.
Inevitablemente me acuerdo de una tesis sobre las "dudas pélvicas"
que se complacía en exponer mi desaparecido amigo Juan Antonio
Rubio Padilla.

Hablando de los sacerdotes que abandonaban la Iglesia, Rubio,
quien fue un católico vertical, de temible talento para el comentario
rasante, afirmaba que él comprendía a los clérigos que, inflamados por
un amor terrenal pedían autorización para colgar los hábitos. "Reconocer la propia debilidad", reflexionaba mi amigo, "es más honesto que
caer en la hipocresía".

Lo que alzaba en Rubio iras bíblicas contra los fariseos, eran
los sacerdotes que, también atraídos por una grácil entidad femenina,
escudaban sus reales razones biológicas tras ficticias razones
teológicas y anunciaban, de pronto, que rompían con la Iglesia porque
habían descubierto que la Santísima Trinidad era un misterio incomprensible y la infalibilidad del Papa un mito inaceptable. Ácidamente,
Rubio Padilla descalificaba a esas oportunas dudas como "dudas
pélvicas".

Pues bien, algo de ese reproche me asalta cuando leo u oigo las razones que algunos ex-privilegiados cubanos ofrecen como causa de su ruptura con el régimen castrista. No cuentan ellos, como los balseros, o la gente común y corriente que de nuestra tierra escapa, que en la isla no hay nada, que se les muere en los ojos la esperanza y en el estómago el hambre, que duele ver a un país empujado hacia el Sahara. Ni mencionan, como lo hacen los heroicos disidentes, o los anónimos luchadores por la libertad, que desde hace años el régimen golpea y encarcela, que hasta los suspiros son peligrosos en Cuba, que las tinieblas se ciernen sobre el futuro del pueblo.

Por el contrario, como los sacerdotes de las dudas pélvicas, estos señores no parecen haber roto con el régimen castrista por razones materiales sino por causas metafísicas. No los motivó la muy natural voluntad de desear un mejor vivir, para ellos o para sus hijos, sino que, aparentemente, en el camino de Damasco, o en el de Baracoa, experimentaron de pronto una súbita crisis de fe, abrieron los ojos y descubrieron que el Marxismo-Leninismo era falso y que, horror de horrores, ¡en Cuba no se podía hablar!.

Impulsados entonces por una irresistible voluntad apostólica, salieron de Cuba para dar a conocer la mala nueva, y se llegaron acá a comunicarnos, a nosotros, que llevamos cinco, diez, veinte o treinta años en el exilio luchando contra esa misma dictadura, la portentosa noticia de que Cuba está regida por una tiranía de torva barba y puño férreo.

Esos azorantes argumentos, que me recordaron a mi amigo Rubio, me mueven a ofrecerles un saludo de fraternal cautela: bienvenidos a la tierra de la libertad, compatriotas; hagamos causa común contra el común enemigo; evitemos las mutuas recriminaciones; y tratemos de fortalecer los lazos que nos unen. Pero la súbita revelación que tuvieron ustedes sobre la maldad del castrismo es mejor dejarla quieta. Como aconsejaba el gran Hidalgo de nuestras desventuras, hay cuestiones que "peor es menearlas", amigo Sancho, "peor es menearlas".

¿Y qué hicimos con nuestros héroes?

Grato y necesario es rendirle tributo a los héroes nacionales, desfilar frente a sus soberbios caballos de bronce, hacer tremolar las banderas y escuchar las bravas palabras con que los oradores de hoy nos describen las fuertes hazañas de esos hombres de antaño. Menos grato, pero también necesario, es examinar más pausadamente las vidas de esos héroes para depurar el verdadero ejemplo, o preguntarse que hicimos con ellos cuando flameaban sus vidas y sus acciones. En la América Latina, por ejemplo, cabe preguntarse, aunque casi nadie se pregunta, ¿que hicimos con nuestros libertadores?

La respuesta obliga a un reflexivo inclinar de cabezas. Comencemos por el héroe supremo Simón Bolívar, el Libertador, el hombre que remontó montañas irguiendo pueblos a su paso, y abrió cauce a la libertad. Bolívar murió, amargado y abandonado, camino del exilio, musitando frases sobre la ingratitud de los hombres y el fracaso de su magna empresa.

José de San Martín, el héroe argentino que cruzó los Andes y descendió como un águila sobre las tropas españolas que ceñían a Chile, trayendo con él el nuevo oxígeno. El hombre que luego quiso alzar al Perú y concluir con una última victoria su noble faena continental. Murió expatriado en París, negándose a volver jamás a la Argentina.

Antonio José de Sucre, el Mariscal de Ayacucho, el Bayardo de la Independencia, cuya marcha triunfal lo llevó desde Venezuela hasta Bolivia. Murió vilmente asesinado en un recodo de un camino perdido en Colombia. Sus asesinos no fueron castigados.

José Antonio Páez, el formidable venezolano, quien heredó a los famosos llaneros de Boves y los volvió aluvión patriótico que arrasaba a las tropas españolas. Páez murió en Nueva York con las apagadas pupilas fijas en sus íntimos recuerdos.

Don Pedro de Braganza, el noble descendiente de la real casa de Portugal, quien se consideraba brasilero y dio el grito de Ypiranga y estableció la independencia del Brasil. Pedro I del Brasil murió en Portugal.

Su hijo Pedro II, el gran organizador del imperio brasilero, quien creía más en la libertad que en su propio imperio y enseñó a los brasileros lo que es la democracia y la convivencia, murió exiliado en París.

Bernardo O'Higgins, la mano derecha de San Martín, domador de los Andes, Director Supremo de Chile, cuya independencia proclamó en 1818. Murió en Perú, donde se había desterrado.

José Gervasio Artigas, luchador infatigable por la libertad de Uruguay, por la que combatió contra españoles, argentinos y brasileros y movilizó a las masas en una histórica marcha hacia el interior del país. Reconocido como "padre de la patria" uruguaya. Murió en Asunción, Paraguay, sin haber vuelto a pisar territorio uruguayo.

Agustín de Iturbide, que proclamó la independencia de México y se transformó en el efímero emperador Agustín I. Murió en México, fusilado por los mexicanos.

Francisco de Morazán, cuya ambición personal encarnó por un momento el gran sueño de la unidad Centroamericana. Murió en Costa Rica, fusilado por los costarricenses.

José Martí, Apóstol de la libertad de Cuba, quien consumó su sacrificio en tierra cubana, galopando a pecho descubierto hacia las balas españolas, posiblemente para desvirtuar el infame susurro de que era un "capitán araña".

Los ejemplos son demasiado numerosos para intentar desecharlos como meras coincidencias. Fuerzas oscuras, pasiones, caudillismo y ambiciones, aún largamente ignorados, tienen que haber influido en los eventos para que, en una letanía que va de México a la Argentina, nuestros pueblos hayan coincidido en acosar, desterrar u obligar a morir a casi todos los libertadores.

Es muy posible que, sin que ello implique renunciar a los desfiles y a los homenajes a nuestros héroes, (que ahora sí son ya verdaderos héroes), resulte fecundo intentar descifrar serena y severamente el proceso histórico de la independencia, y las guerras internas que la siguieron, para llegar a un mejor conocimiento de quiénes somos, de cómo hemos cambiado y de cómo combatir esos bajos impulsos colectivos.

La extinción de los libros

E n un famoso pasaje de su famosa novela "El Jorobado de Notre Dame", Víctor Hugo describe la reacción de un arcediano de la catedral cuando, en el siglo XV, recibe uno de los primeros productos de una primitiva imprenta: un libro. El arcediano contempló el libro, midió de inmediato el poder revolucionario que se reflejaba en sus páginas y, mirando a la enorme masa de la catedral, musitó sombríamente: "Esto matará aquello".

A cierto nivel histórico, tuvo razón el arcediano. Las catedrales góticas eran grandes libros de piedra, sintetizaban no sólo la fe de una época en la que la presencia de Dios acompañaba a los hombres del alba a la noche, de la cuna a la tumba, sino que eran también permanentes lecciones de instrucción religiosa. Las grandes puertas enmarcadas por profetas bíblicos, los magníficos vitrales, las columnas alegóricas, las gárgolas asomando sus rostros diabólicos en cada esquina de las torres, todo era un pétreo capítulo de la historia del cristianismo, destinada a enseñar a unos fieles que no sabían leer ni escribir.

El libro contribuyó a liquidar esa época. La multiplicación de las obras escritas creó una revolución cultural y científica y debilitó la fe colectiva. Hacia 1700, lo esencial en las sociedades europeas no era construir catedrales góticas sino publicar enciclopedias.

La llamada ilustración creía, con exagerado optimismo, que la ignorancia era el gran enemigo de la humanidad, que la educación libraría al hombre de sus viejos temores y ayudaría a crear una sociedad más libre y justa. En el siglo XVI, las casas de los nobles y de los burgueses tenían capillas privadas, en el XIX tenían bibliotecas. Dios no regulaba ya la vida de los hombres.

A fines de siglo Nietzsche proclamaba: "¡Dios ha muerto!". Tras él Darwin, Marx, Freud, Einstein, emergían como los nuevos guías del mundo moderno.

El empuje de los libros y las bibliotecas creció en oleadas hasta la década de 1960. Fue entonces que apareció un nuevo invento que, como la imprenta en el siglo XV, iba a revolucionar la cultura: las computadoras. Posiblemente, el primer bibliotecario sagaz que se enfrentó a una computadora se percató de sus inmensas posibilidades y, como el arcediano de Victor Hugo, murmuró, "Esto" está en camino de matar "aquello". En un tiempo infinitamente menor del que les tomó a los libros convertirse en el nuevo instrumento de cultura, las computadoras se han adueñado de los medios de comunicación, facilitado la trasmisión de ideas, invadido los hogares e influenciado la música y el arte. Y eso es sólo el primer impacto de una revolución técnica que apenas si empieza a desplegar sus alas electrónicas.

Como las catedrales góticas del medioevo, los libros pasarán a ser medios de información obsoletos, admirables reliquias de una época superada. Las nuevas generaciones tienen prisa en aprender y los libros requieren tiempo y detenimiento. Hoy en día, los menores de 14 años leen mucho menos que antes. Pero casi todos saben o aspiran a saber cómo usar una computadora.

La revolución técnica permite el acceso a bibliotecas remotas y a obras hasta entonces reservadas a pacientes scholars. Las computadoras no se cansan, ni duermen, ni cierran jamás su enorme fuente de datos y conocimientos. El dato básico, el detalle superficial y aun el esplendor de la Capilla Sixtina están al alcance de los más indiferentes dedos.

Sin moverse de su mesa de trabajo una persona puede invocar el saber acumulado en los más viejos y en los más recientes rincones de la cultura. Los escritos originales y las traducciones de los clásicos de la literatura relampaguearán en las más diversas pantallas. Goethe vibrará en la ventana eléctrica de un estudiante argentino; Shakespeare sintetizado y explicado en japonés; Don Quijote cabalgará a través de una lámina privada que explicará la razón de su generosa locura.

No hace mucho, uno de los "expertos" en la nueva magia de las computadoras puso su mano sobre uno de los modelos experimentales y anunció por la televisión: "Aquí está la nueva cultura: cultura visual y auditiva, certera instantánea, infinita, detallada, en expansión y al alcance de todos".

Escuchando tales palabras, apagué el televisor, me fui a contemplar mis libros, evoqué al viejo arcediano de Notre Dame y pensé que algo muy noble se puede perder bajo esta oleada técnica. Pero, con la resignación de quien sabe aceptar lo inevitable, me senté frente a mi computadora a escribir este artículo.

Alineados en los estantes de mi estudio, atesorando su sabiduría, las largas hileras de mis libros se me asemejaron de pronto a pequeñas catedrales góticas.

Lenin Ozymandias

*"Nothing beside remains. Round the decay of
that colossal wreck, boundless and bare the
lone and level sands strech far away"*
Percy B. Shelley. *"Ozymandias"*

L a foto me sumió en hondas reflexiones. En el suelo, derribada, la enorme estatua lucía una zupia, un fragmento de decoración descartada, un resto de piedra a punto de reunirse al polvo. El rostro de la estatua me era bien conocido; los ojos achinados, la frente en ilustre calvicie, las facciones contraídas en duro gesto de mando. Yaciente al pie del pedestal, el famoso gesto, el imperioso índice levantado, lucía vacío y ridículo. Alrededor del caído monumento, obreros indiferentes fumaban pipas y se aprestaban a destruirlo. Era el cinco de marzo de 1990, de la Era Cristiana, en Budapest, capital de Hungría En el suelo, enorme e inerme, yacía la estatua de un tal Vladimir Ilych Ulyanov, quien, en carro tronador y fiero, rodó sobre los mortales con el nombre de Lenin.

La foto me imponía el ensimismamiento. Yo crecí cuando el nombre de Lenin resonaba como campana de acero. Aun sus enemigos iniciaban las críticas con una inicial inclinación de cabeza. Lenin había derribado a un mundo y construido otro. Su puño alzado había golpeado sobre la historia destruyendo mitos. Su vida se contaba, o se cantaba, entre clarines épicos. Cada una de sus acciones apuntaba a un camino correcto, cada una de sus palabras encerraba mensajes. Marx era Dios, y Lenin su Profeta. Lenin, el infalible, marchaba a la vanguardia de las masas hacia un horizonte de incendios.

Cuando, en los años sesenta, el marxismo entró en crisis, la culpa se hizo recaer sobre Stalin. El ceñudo Georgiano, señor de la espelunca, creador de gulags, purgador insaciable de su pueblo, fue acusado de todas las abominaciones. Stalin había distorsionado a Marx y traicionado a Lenin. Una y otra vez los fieles del marxismo recordaban que, poco antes de morir, Lenin había recomendado que se despojara a Stalin de todos sus poderes. Lenin no hubiera cometido tales crímenes.

Un líder comunista, sin embargo, alzó su voz ante la catarata de acusaciones que Khrushchev desataba contra Stalin para salvar a Lenin. En 1960, el camarada Togliatti, Secretario General del Partido Comunista Italiano, clavó en el marxismo una pregunta cargada de significaciones. "En estos momentos", proclamó Togliatti, "todo comunista honesto tiene el deber de preguntarse si Stalin es una deformación del pensamiento marxista-leninista o si, por el contrario, es su inevitable y natural resultado.

Por casi treinta años, la estremecedora pregunta sembró el silencio entre los marxistas. Bajo la sombra de las ametralladoras soviéticas, la veneración oficial a Lenin prosiguió con sus sombríos rituales. En el Kremlin, la visita al mausoleo donde yacía la momia del hombre de ojos achinados que había triturado pueblos, seguía siendo obligada escala.

A fines de los ochenta los vientos de cambio en el mundo marxista se tornaron en huracán. Apenas se replegaron las ametralladoras soviéticas los obreros derribaron las estatuas de Lenin. La pregunta de Togliatti ha recibido adecuada respuesta. Lenin no era otra cosa más que el sangriento precursor de Stalin. Los pueblos han marchado sobre los restos del Georgiano y han golpeado con igual furia a Lenin y a Marx. El Dios era falso, su Profeta otro implacable dictador. Tal vez pronto, la momia de Lenin será sigilosamente sustraída del Kremlin. Y la memoria del hombre de ojos asiáticos que aniquilaba mundos, se unirá a la de otros remolinos de violentos polvos que han azotado al desierto de la historia.

El ensimismamiento me llevó al "Sic transit gloria mundi..." de los latinos. Y al aleccionador poema de Shelly. Releamos, en traducción mía, a su clásico Ozymandias,

Me contó un viajero de sierras remotas que vio en un desierto los restos de una estatua rota:

dos enormes piernas y, hundida en la arena, una colosal cabeza, con la fría apariencia de quien sabía imponer obediencia.

Casi borrada, en el pedestal, una inscripción reza:

"Mi nombre es Ozymandias , Rey de reyes. Mira en torno,
admira mis obras y tiembla ante mi grandeza.
Nada más queda alrededor de la ruina.
Sólo las vastas arenas del desierto.
extendidas hasta el horizonte".

El silencio y Fidel Castro

Los hombres", escribió Nietzsche, "se miden por la cuota de soledad que puedan soportar". Pienso que el gran filósofo se refería también al silencio que las personas pueden tolerar. Porque hay gente que no resiste el silencio. Cuando sienten su presencia en torno, se agotan y se dedican a hacer ruido. Con objetos o el volumen de sus radios, lo cual es bien molesto, o con las palabras, lo cual es insoportable.

Madame Staël, quien valoraba en mucho sus apartadas meditaciones, conocía bien las sonoras invasiones de esos tipos humanos. "Hay personas", suspiró genialmente en su *Diario,* "que nos rompen la soledad y no nos hacen compañía".

En una de las leyendas babilónicas, se narra la historia de un gran demagogo, llamado Nadir, quien inflamó al pueblo con sus palabras e intentó destronar al rey. Capturado, el rey lo condenó a una sentencia sabia y cruel: a que le leyeran ininterrumpidamente sus discursos políticos. Nadir murió a los dos meses, aplastado por sus propias palabras.

Como casi todos los dictadores del siglo XX, Fidel Castro es hijo del ruido. El silencio le es tan intolerable como a los antiguos egipcios les eran intolerables los espacios vacíos. Los egipcios recurrían a los dibujos, Fidel recurre, o recurría, a las palabras. Castro trataba de matar el silencio hablando sin cesar en público y en privado.

En esa época a Fidel le era posible, además, intoxicarse con sus propias palabras. Y con el eco que recibía de las masas. La necesidad escapista de Castro y la electricidad del público producían interminables discursos. Una vez el Líder habló por siete horas consecutivas. Uno piensa en el destino de Nadir y se estremece con las posibilidades.

Los latinos conocían ese delirio de la palabra, ese llegar al paroxismo oyéndose, que, lamentablemente, no está limitado a los oradores políticos, y lo llamaban *libido oratoriae*, el erotismo de la palabra. Las masas, afirmaba mucho más tarde Gustave Le Bon, tienen mentalidad femenina y sueñan con la entrega. El orador político que sabe dominarlas, las envuelve primero y las arrebata después. En el proceso, él mismo se enardece con, ese efluvio colectivo. La simbiosis se consume en un paroxismo de gritos: *"¡Sieg Heil!" "¡Il Duce!", "¡Perón!", "¡Fidel!".*

Por un tiempo, tales oradores viven la ilusión de que han matado definitivamente al silencio. Pero el silencio es anterior y más duradero que el ruido. En principio no fue la *Palabra* sino el *Silencio*. Ese insondable silencio de Dios que angustiaba a San Agustín.

Al final también el silencio se abate sobre los líderes frenéticos cuyas palabras, vehículos sin ideas, desaparecen como los truenos tras la tormenta. En su último año, el año de la derrota, Hitler no se atrevía a hablarles a las masas alemanas. El Führer sabía que no podía hacer ni ruido. Y se escondió en su búnker a conversar incesantemente mientras esperaba él desenlace final.

Hoy en día, Fidel Castro habla bien poco en público. El 26 de julio pasado, leyó su discurso con la mirada fija en el papel. Y el ruido de sus palabras no llegó a fragmentar el silencio de las masas. La simbiosis se ha roto, la libido se ha agotado. Aun los aplausos resuenan organizada y metódicamente.

Todo el mundo conoce la creciente soledad del Líder. Uno a uno sus amigos yacen derrumbados, muertos o escondidos. Fidel aún puede hacer esporádicos esfuerzos para hablarles a las masas, pero sus pálidas palabras vuelan como las hojas de un libro desgajado. A su alrededor, invisible, invencible, impalpable, implacable, el silencio crece y se apresta a ahogarlo.

Fidel lo siente. Pero no puede hacer nada contra él. En el reloj de la historia su hora es pasada. Aun sus partidarios, a quienes Castro puede eliminar en nombre de "la pureza de la revolución", miran de reojo al telón definitivo que se cierne sobre el actor y sobre el escenario. Abiertamente, o a hurtadillas, todo el mundo se está preparando para el comienzo de un nuevo drama *"sans* Fidel".

El largo y trágico monólogo de Castro está al concluir. Puede ser que el Líder desaparezca lleno de "sonido y furia", al estilo de Macbeth, pero lo más probable es que lo haga en un escenario inerte, con el apagado susurro del moribundo Hamlet: "Horacio, todo lo demás es silencio".

Un diálogo surrealista en un aeropuerto

Estaba el aeropuerto ahíto, incómodo, lleno de fumadores que no podían fumar y de lectores que fingían leer. Jadeantes turistas, multiformes y raudos, cruzaban urgidos por metálicas voces que profetizaban inminentes salidas y llegadas.

De un pasillo brotaban a borbotones cubanos que acababan de llegar de la isla y pasaban abrazados a sollozantes familiares. En una sala cercana, cubanos que iban a visitar a la isla intercambiaban monólogos y risas. Una señora gorda, rotunda y trascendente, exhibía los paquetes que llevaba a sus familiares; un hombre parvo, con voz de aguardiente añejado, susurraba a gritos los dólares que escondía en los bolsillos.

En el pasillo, azorado e inédito, un periodista congoleño, que había estudiado en Bosnia y escribía para Burundi, tomaba notas para disimular su aturdimiento. Al fin se dirigió a un tipo de barba metódica y aspecto de profeta ambulante que contemplaba indiferente el espectáculo.

—Perdone señor, mi español ser muy malo... ¿puedo hacerle una pregunta?.

—Puede. Pero si su español es muy malo cámbielo por uno bueno.

—Perdóneme... ¿por qué llorar los cubanos que llegan y reír los que se van?.

—Los que llegan lloran porque están contentos y los que se van ríen porque están apenados.

203

—Perdóneme, pero, ¿no debería ser al revés?.

—No, debería ser al derecho.

—Pero ¿esta gente que va a Cuba ser anticastrista?.

—No, esta gente no ser anti nada, ser pro algo.

—¿Pro castristas... quien sabe? —demandó el periodista.

—No, pro-familia... ellos creen en la familia "uber alles"

—No comprendo - comentó encogiéndose el periodista

—Lo comprendo —le respondió el barbudo

—Pero esta gente está luchando para liberar al pueblo esclavo de Cuba... ¿no?

—En Cuba hay un amo pero no hay esclavos.

—¿Como?.. aquí la prensa y la radio lo dicen todos los días.

—La verdad no hay que decirla todos los días.

—Pero entonces ¿que pueblo haber en Cuba?

—En Cuba haber un pueblo hambriento y sin fe.

—Usted. bromear... ¿no?.. yo leo la prensa y oigo la radio y todos decirme que el pueblo de Cuba está apresado.

—A lo mejor los que lo dicen están ellos mismos apresados.

—Pero yo también oigo a los cubanos exiliados.

—En Miami no hay cubanos exiliados.

—¿Cómo...?... Miami estar lleno de cubanos exiliados.

—Miami estar lleno de cubanos indignados y de cubanos expulsados.

—¿Expulsados?.. ¿de donde?

—De Cuba... cubanos expulsados para que volvieran con dólares.

—¿Entonces todos pueden volver a Cuba?

—No... los indignados no quieren y los que carecen de dólares no pueden.

El periodista tomaba notas vertiginosas e ininteligibles y miraba medroso al hombre de hueca voz y ojos cavernosos.

—Pero Fidel ser socialista… ¿no?

—No, Fidel no ser nada. Antes era fidelista, pero perdió la fe.

—¿Y ahora en que cree Fidel?

—En los milagros.

—Pero creer en milagros es tener fe.

—Los que tienen fe no necesitan milagros .

—¿Pero cómo explicar Fidel lo de los dólares?

—Fidel no explica nada... Fidel solo habla

—¿Y que dice?

—Nada.

—¿Nada?.

—Fidel habla y no dice nada... los cubanos escuchan y no dicen nada. En Cuba lo más elocuente es el silencio.

El periodista se rascó la cabeza con la punta del lápiz.

—Los cubanos ser muy raros.

—Lo raro es muy cubano.

—¿Y Ud. cuando salir de Cuba?

—Yo nunca he salido de Cuba.

—¿Cómo? Usted. estar aquí ahora, en Miami.

—Cuba está en todas partes. Miami es Cuba, Cuba es Miami. Los cubanos son hermanos. Van y vienen pero nunca se encuentran.

—¿Por qué no se encuentran?.

—Porque todos están convencidos de que los demás están equivocados.

Mareado, el periodista Bongolés dejó de tomar notas y se fue a tomar tragos. El hombre de barbas se alejó despacio por un pasillo bullente, de donde emergían, perseguidos por sus gritos, cubanos que corrían buscando salidas y llegadas.

Pero los tronantes aviones ni salían ni llegaban.

América Latina:
un continente con más mitos que metas

Proclamar que la América Latina está en crisis implica un cierto simplismo. La América Latina vive en crisis. Desde la batalla de Ayacucho hasta nuestros días, la historia de la América Latina es la historia de una crisis.

En ocasiones la crisis estalla en revoluciones y golpes de estado; usualmente se desarrolla con reprimida violencia, últimamente, cuando la democracia ha asomado su vendada cabeza en el continente, flotan lo ecos de enormes deudas externas, guerrillas con máscaras de narcotráfico (o viceversa), roces fronterizos y, sobre todo, una corrupción oficial que, como una ola de mugre, se abate sobre el continente derribando presidentes ministros, partidos y debilitando al propio sistema democrático. Cabe preguntarse: ¿Hacia dónde va América Latina? ¿Dónde están los planes de futuro?, ¿cuáles son las metas reales?

Las respuestas podrían comenzar señalando que la América Latina vive tan intensamente algunos mitos que apenas si se preocupa por señalarse metas. Hace más de 150 años, por ejemplo, nos proclamamos jóvenes y, hasta hace muy poco, excusábamos todo tropiezo como natural error de la inexperiencia. Nada aprendimos de aquella ironía de Oscar Wilde: "La juventud de América es una de sus más viejas tradiciones".

Después surgió el mito de nuestra latinidad, una fórmula defensiva de una élite criolla en busca de una identidad rasgada por aquel comentario de Bolívar "Si no somos ni indios, ni negros, ni europeos, ¿qué somos?". Las minorías cultas dieron con una respuesta luminosa: somos latinos. Y así de golpe, a pura voluntad, nos adscribimos a un teórico mundo latino, a la vieja Roma y, sobre todo, a nuestra amada Francia.

El amor de los latinoamericanos por Francia es uno de los fenómenos más curiosos de nuestra historia. Francia nunca se ocupó mucho de la América Latina, excepto para enviar tropas a Haití, a México y la marina de guerra a la Argentina. Pero todo se le perdonaba a la madre Francia, tierra de poetas egregios, maestra de la vida risueña, cuyo París los latinoamericanos sentían como suyo.

En las clases de las élites cultas no podían faltar grabados y libros franceses. Los latinos aprendían La Marsellesa antes de aprender los himnos nacionales. El genio de Víctor Hugo producia vértigos. "¿Quién soy yo para ofrecerte mis cantares?", se preguntaba el mexicano Juan de Dios Peza: "Tratar de alabarte fuera mengua. / Al que es grande y profundo cual los mares, / le canta el huracán y no la lengua!".

Tan apasionada admiración no hubiera sido dañina, que Francia mucho nos podía enseñar, si no hubiera desembocado en una más deletérea exageración: el culpar a los yankees por todos los males del continente.

En 1898, sacudidas por la derrota de España y por la evidencia del poderío norteamericano, las minorías latinoamericanas exacerbaron ese otro rostro del mito. Casi sin quererlo, el uruguayo José Enrique Rodó esbozó la fórmula. Los gringos son ricos, poderosos, industriales y trabajadores, pero son como Calibán, les falta alma, no tienen verdadera cultura, no son espirituales. En cambio los latinos son como Ariel, los anima el espíritu, son los hijos y descendientes del imperio romano y de la inmortal Atenas.

Como siempre, el mito estranguló la meta. Saltando sobre la realidad histórica, olvidándonos de que, como descubrió más tarde Benito Mussolini, los italianos de hoy no son descendientes de los romanos de César, los latinoamericanos nos dedicamos a solazarnos en nuestra espiritualidad y a maldecir al pujante yankee, el Mr. Danger de Rómulo Gallegos, que nos despreciaba. En vez de aprender por qué el Norte era poderoso para, como aconsejaba Sarmiento, encontrar el camino del éxito, se nos enseñó que era peligroso volvernos "materialistas", embijarnos con la industrialización, estudiar y adoptar urgentísimas reformas, o conocer a fondo nuestra realidad. Ariel, con su alada visión del mundo, no tenía que preocuparse de tales bajos menesteres, le bastaba alimentarse de sueños y retónca.

Ante tal desmesuramiento del mito de nuestra latinidad, se explica el sarcasmo del peruano Manuel González Prada: «Aquí yace Carlos Oblongo, de pura estirpe latina... la madre llegó del Congo, el padre vino de China...»

Las dos guerras mundiales, y la tajante realidad de un mundo dividido en pueblos desarrollados y subdesarrollados, ayudaron a disipar algo el sueño de la espiritualidad latina. Pero para entonces el mito había contribuido al daño colectivo. Nos habíamos quedado a la zaga de la industrialización. Y dentro de nuestro idealizado mundo latino, masas emprobecidas, muchas de las cuales tenían sangre india o negra, reclamaban su derecho al progreso.

Frente a tal ineludible realidad, las minorías latinas revitalizaron los viejos mitos: la hermandad latinoamericana, el indigenismo, y la obligación del Estado de ser padre y protector de todos los ciudadanos. Los países de población india elogiaron al mestizaje, lo cual era bien justo, y proclamaron la superioridad de las culturas precolombinas sobre la española, lo cual es bien discutible. Y todos los gobiernos, dictaduras o democracias, continuaron el paternalismo estatal, padre de la parálisis y de la corrupción.

Ahí están, entre muchos problemas, la corrupción política aliada al narcotráfico, debilitando y minando todas nuestras instituciones. ¿Y por qué no buscamos métodos para embridarlas? ¿Con cuál mito vamos a encubrir nuestra responsabilidad colectiva?

Si queda alguno, nosotros lo encontraremos.

Una lección ética del
Presidente de Portugal

Hace un par de años, en un viaje a Portugal, donde duermen arropados viejos castillos de historia, quedan memorias de audaces navegantes y duros guerreros, y está viva la leyenda de los trágicos amores de Pedro e Inés de Castro, tuve el honor de ser invitado por el presidente de la república, Mario Soares, a charlar con él sobre Cuba.

Figura señera del mundo socialista, Mario Soares tiene, además, un impecable trayecto democrático. Bien joven supo erguirse contra la larga dictadura de Antonio Oliveira Salazar (1932-68), y más tarde, cuando se asomó en el horizonte portugués la amenaza de un régimen comunista, Soares luchó decisiva y victoriosamente en favor de la democracia. En 1991, había sido reelegido presidente por una abrumadora mayoría.

Apenas iniciada la conversación, el presidente me preguntó cuál era mi opinión sobre el futuro de Cuba. Fuí tan diplomático y breve como me fue posible. Expliqué los orígenes de la catástrofe nacional que sufre el pueblo cubano y señalé lo que considero inexorables términos de la tragedia cubana: para sobrevivir, Fidel Castro tiene que sacrificar al pueblo cubano; para sobrevivir, el pueblo cubano tiene que sacrificar a Fidel Castro.

El presidente me escuchó con reposados gestos de asentimiento y luego me expresó su opinión. La voz mesurada no disminuía la implacable lógica de Soares.

Me dijo que Fidel era el tipo más tozudo y cerrado que había conocido en toda su vida, y que él no concebía que pudiera haber un cambio o una apertura política en Cuba mientras Castro tuviera el poder en las manos. "Su propio carácter y su trayectoria histórica, lo hacen inaccesible a todo argumento que no concuerde con su opinión". Y procedió a sustanciar la tesis con una anécdota personal.

Durante la Tercera Cumbre Iberoamericana, celebrada en Bahía, Brasil, en julio de 1993, Soares tuvo la oportunidad de conversar a solas con Fidel Castro. Con su usual precisión le ratificó al cubano el argumento, compartido por todos los líderes democráticos allí reunidos, sobre la necesidad de una apertura política en Cuba, de un gesto que permitiera dar una esperanza de que Cuba iba a marchar hacia la democracia, fortaleciendo así la opinión mundial contra el embargo norteamericano.

Ante la aparente atención con que Castro lo escuchaba, confiesa Soares, le cruzó por la mente la posibilidad de convencerlo. A la primera pausa, sin embargo, el líder cubano le señaló la solapa de su saco y le preguntó qué significaba el botón que Soares ostentaba en el ojal. Desconcertado ante la trivialidad de la pregunta, el presidente portugués le respondió que era una condecoración brasilera. "¡que bonita!" le dijo Castro. Y se alejó inmutable, como si nada hubiera sido dicho.

"Lo peor es que creo", me comentó Soares, "que de verdad no escuchó nada, que cerró los oídos a la primera mención de reformas; que ya ni quiere ni puede escuchar a nadie que no esté de acuerdo con él... mucho me temo, lo digo con dolor, que la cerrazón de Castro incrementa día a día la posibilidad de un trágico final en Cuba".

Le pregunté al señor presidente si me autorizaba a publicar la anécdota, y me contestó que lo hiciera, que él no me había contado algo que no fuera absolutamente cierto.

Salí del palacio presidencial sumido en sombrías reflexiones. Pero, en medio de todo, las palabras de Soares tenían el admirable eco de la honestidad. Y ser honesto en Cuba o sobre Cuba, donde la doblez es lo dominante, demanda un inicial respeto.

Porque Cuba es hoy un gran cuerpo sangrante sobre el cual se ciernen bandadas de rapaces capitalistas, políticos oportunistas e intelectuales deshonestos que intentan justificar la culpabilidad de Castro desviando el ataque hacia el embargo norteamericano como la única causa de la tragedia cubana.

En ese ambiente, ver a un político de la jerarquía y experiencia de Soares buscar y señalar la verdad de la crisis en Cuba, alzar su índice contra el gran culpable y luego dolerse con el dolor de los cubanos, de todos los cubanos, es casi como recibir un abrazo fraternal en tiempo de duelo; es un estímulo para seguir luchando en esta lucha tan urgida de estímulos.

Esa noble característica de Soares, por lo demás tan portuguesa, me mueve a expresar mi agradecimiento de la mejor manera que conozco, con un verso de *Os Luisiadas*, el magno poema del poeta nacional de Portugal, Luis de Camoens. Porque ocurra lo que ocurra en Cuba, la lección ética de Don Mario Soares

> *"Por esta ou por outra cualquier vía,*
> *Ñao perderá seu preco e sua valía".*
> (por esta o por cualquier otra vía
> no perderá su precio y su valor.)

COLECCIÓN *CUBA Y SUS JUECES*
(libros de historia y política publicados por EDICIONES UNIVERSAL):